LOUIS MORIN

L'IMPRIMERIE A TROYES

PENDANT LA LIGUE

PARIS

LIBRAIRIE HENRI LECLERC

119, RUE SAINT-HONORÉ, 119

et 16, rue d'Alger

1912

L'IMPRIMERIE A TROYES

PENDANT LA LIGUE

EXTRAIT

DU

BULLETIN DU BIBLIOPHILE

TIRÉ A 100 EXEMPLAIRES

LOUIS MORIN

L'IMPRIMERIE A TROYES

PENDANT LA LIGUE

PARIS

LIBRAIRIE HENRI LECLERC

219, RUE SAINT-HONORÉ, 219

et 16, rue d'Alger

1912

L'IMPRIMERIE A TROYES
PENDANT LA LIGUE

Il a paru, pendant la Ligue, une quantité de petits écrits, édités à l'occasion des moindres événements de cette longue lutte. C'est par milliers qu'ils éclorent alors, sur tous les points du territoire, principalement à Paris, à Lyon, à Bordeaux, à Tours et à Troyes. Sans nom d'auteur pour la plupart, précédés de titres alléchants comme les vedettes de nos journaux modernes, ils étaient réédités et reproduits quand leur vogue était grande.

Leur ensemble, qui ne paraît encore avoir tenté aucun bibliographe, formerait un tableau curieux, mais combien partial ! de l'époque troublée qui leur a donné naissance.

Ce ne sont pas toujours, à proprement parler, des libelles ou des pamphlets, mais aussi des publications tendancieuses, émanations officielles ou officieuses des partis qui divisaient le royaume, partis dont chacun avait à sa façon le droit de son côté, dont chacun voulait faire la loi au nom de principes également respectables, mais qui cachaient une ambition personnelle sous le couvert de ces principes ou en poursuivaient le triomphe par des moyens tenant plutôt du banditisme que de l'apostolat.

Déjà, sous les règnes précédents, même dès la fin du

xve siècle, la politique nationale avait alimenté les presses et produit quelques livrets sans liaison entre eux ; mais, sous la Ligue, ce fut une véritable avalanche de ces cahiers de quelques pages, venant principalement du parti catholique, et destinés à soutenir la foi des partisans ou à préparer les conversions.

La ville de Troyes dut d'être l'un des centres de cette propagande à la présence de l'Union qui s'y créa en 1568 et à son occupation par la Ligue depuis le 11 juin 1588 jusqu'à sa reddition à Henri IV le 5 avril 1594.

Plus de deux cents pièces y ont été imprimées à l'occasion des événements dont le royaume était le sanglant théâtre, et leur étude comparée m'a permis de faire, sur leurs imprimeurs, de curieuses observations dont l'ensemble est fort intéressant pour l'histoire de la typographie à Troyes et dans quelques autres villes. Si, de plus, l'indication de ces documents peut être utile aux historiens futurs de la Ligue, c'en sera assez, j'espère, pour justifier la publication de ce nouveau chapitre de bibliographie champenoise.

Les impressions qui servent de sujet à cette étude sont disséminées en divers endroits. La Bibliothèque Nationale, la Bibliothèque de Troyes, ma petite collection particulière contiennent toutes celles que j'ai vues ; les autres ne me sont connues que par des mentions de catalogues : Secousse (1755), Courtanvaux (1783), Leber (1839), par la *Bibliothèque historique de la France* de Lelong (éd. 1768-1778) ou par des fiches de M. Émile Socard, ancien bibliothécaire de la ville de Troyes (manuscrit 2976).

Le principal artisan de la « presse » troyenne à l'époque fut l'imprimeur Jean Moreau, dont je n'ai pas encore pu établir d'une façon précise les rapports industriels avec les derniers Lecoq, auxquels il succéda médiatement au moins, non plus qu'avec la famille Luce.

Gendre de Thibault Trumeau, imprimeur, qui était lui-même gendre de Jean Lecoq, Moreau était établi à Troyes dès l'année 1562, où il fut délégué par ses confrères à une assemblée municipale (1); à la fin de l'année suivante, il dirige les ateliers chargés d'exécuter les travaux de peinture nécessités par l'entrée de Charles IX à Troyes en 1564 (2), et il fut un des deux signataires du cahier des imprimeurs-libraires aux États généraux de 1576 (3).

Ceci dit pour bien établir sa situation dans la ville, je n'entrerai pas aujourd'hui plus avant dans sa biographie.

Devancé par d'autres typographes dont il sera parlé plus loin, Jean Moreau ne commença sérieusement à faire des impressions politiques qu'à partir de 1585; mais alors, et surtout de 1588 à 1590, pourvu d'un titre et d'un monopole, il travailla sans désemparer.

Je connais près de cent pièces signées ou imprimées par lui, relatives aux événements contemporains, et il est à présumer qu'on ne possède pas toute son œuvre : bien des pièces ont dû disparaître. D'autre part, il en a certainement exécuté, pour des confrères étrangers qui y ont attaché leur nom, plus que mes trouvailles ne m'en ont révélé.

(1) 26 juillet 1562 (Arch. mun., A. 13, fol. 216 r°).
(2) Albert Babeau, *Les Rois de France à Troyes au XVIe siècle*, p. 24, d'après le registre K. 9.
(3) Arch. mun. de Vitry-le-François (*Collection de Documents inédits* publiés par la Société Académique de l'Aube, I, p. 132-135).

La plupart de ces plaquettes ont été conservées grâce à leur réunion en recueils dont je connais deux exemplaires.

Le premier figure sur le catalogue de la collection Courtanvaux (1), où il porte le n° 3048; il a été vendu 15 liv. 1 sol à la vente qui en fut faite le 7 juillet 1783 et jours « ensuivants ». Je ne sais pas ce qu'il est devenu.

Ce recueil renferme 56 pièces dont la liste est donnée par le catalogue, mais avec des mentions bibliographiques trop concises pour être d'une grande utilité. On verra qu'elles étaient parfois égarantes.

Le second existe à la Bibliothèque Nationale, où il porte la cote : La 25/24; il provient du palais de Compiègne, dont il a reçu les cachets : BIBLIOTHÈQUE DU ROI COMPIÈGNE, BIBLIOTHÈQUE PALAIS-COMPIÈGNE, en cent endroits; sur ses plats figure l'aigle de Napoléon III. Il est entré à la Nationale en 1890, avec la meilleure partie des livres qui composaient la collection de Compiègne, jugée inutile là-bas.

Ce recueil renferme 60 pièces, presque toutes les mêmes que celui de Courtanvaux, et j'ai cru un moment, en tenant l'un, avoir retrouvé l'autre. Mais non : tout compte fait, le nombre de pièces diffère et, de plus, si le recueil de la Bibliothèque en contient sept qu'on ne voit pas dans la liste de Courtanvaux, celle-ci offre trois titres qui manquent à la Bibliothèque. Ce sont donc deux recueils bien différents.

A côté de l'intérêt historique de ces collections, intérêt que je suis mal préparé à faire ressortir et sur

(1) Catalogue des livres de la bibliothèque de feu François-César Le Tellier, marquis de Courtanvaux. Paris, Nyon l'aîné, 1783, in-8.

lequel je n'insisterai pas, elles offrent au point de vue bibliographique diverses particularités qu'au contraire il m'appartient d'étudier, ayant en main et en tête à peu près tout ce qu'il faut pour le faire.

*   *
*

Le recueil de la Bibliothèque Nationale porte sur son dos le titre : HISTOIRE DE PIERRE DE GAVERSTON (1), qui est celui de la première des pièces qu'il contient. On sait que cette prétendue histoire du célèbre mignon d'Édouard II d'Angleterre n'est qu'un violent pamphlet dirigé contre Henri III et contre le duc d'Epernon son favori, dont les allures et la fortune faisaient tant de mécontents.

Aucun lieu d'impression ; pas de nom d'imprimeur ou d'éditeur à ce livret, voué d'avance aux poursuites des agents du roi. Vient-il de Troyes ? appartient-il à Jean Moreau ? L'identité d'aspect avec ceux qui le suivent, sa présence au milieu d'eux dans deux recueils me le donnent à penser. M. Socard, qui en avait recueilli le titre dans le catalogue Courtanvaux, n'avait pas hésité à l'attribuer à Jean Moreau, sans autre preuve que le voisinage, et j'ai plus de raisons de le faire que lui, ayant vu et tenu l'opuscule. Toutefois, aucune preuve ne me permet de certifier cette attribution. Pas de filigranes à comparer, et les vignettes qui forment les têtes de chapitres sont de celles qui à l'époque se rencontrent partout. Il y a bien une initiale ornée qui pourrait servir de guide ; mais je ne l'ai pas jusqu'ici observée ailleurs.

(1) Pierre de Gaveston ou Gaverston, mort en 1312.

Je n'affirme donc rien au sujet de l'*Histoire de Gaverston* et ne l'admets dans la bibliographie troyenne que par analogie et sous toutes réserves, tandis que dans les livrets qui la suivent et dont l'origine n'est pas indiquée, il y a toujours quelque indice qui permet d'en reconnaître l'imprimeur.

Moreau a d'ailleurs agi d'une façon bien capricieuse dans l'établissement des mentions bibliographiques de ses travaux ligueurs.

Ainsi, tandis que parfois il mettait au bas des titres : « A Troyes, de l'Imprimerie de Jean Moreau », sous d'autres, il se contente d'inscrire le millésime de l'année d'apparition ; seuls des détails typographiques permettent de lui attribuer sans hésitation les livrets ainsi traités ; ou bien il fait savoir, en se nommant ou sans se nommer, qu'il réimprime une publication parue ailleurs : « A Troyes. Selon la copie imprimée à Paris. 1588. » Il cite volontiers le premier éditeur : « A Troyes. Selon la copie Imprimée à Paris, par Guillaume Bichon, M.D.LXXXVIII ».

Dans le catalogue Courtanvaux, ce dernier article est simplement indiqué : « Troyes, Bichon, 1588 » ; M. Socard avait émis l'idée que c'était peut-être là un pseudonyme de Jean Moreau ; on vient de voir que celui-ci n'avait fait que reproduire une impression de Guillaume Bichon, qui exerça à Paris de 1580 à 1624(1) et travailla beaucoup pour la Ligue.

Par contre, des livrets imprimés d'abord à Troyes étaient repris par les presses parisiennes ou autres. Tels sont : *Le grant et merveilleux estonnement miraculeusement aduenu, au Camp des huguenots...*, Paris, I. Bessault, iouxte la copie imprimée à Troyes, 1585 ;

(1) Ph. Renouard, *Imprimeurs parisiens*, p. 27.

Le Discovrs de la prinse de Montyramé..., iouxte la copie imprimée à Troyes, 1590.

Moreau, qui en 1573 utilisait la marque de son beau-père(1) dans le *Triomphe glorieux de l'Église chrestienne,* n'en eut pas de personnelle. Les plaquettes que j'étudie portent sur leur titre, soit des culs-de-lampe dont certains sont fort utiles pour identifier les pièces anonymes, soit des assemblages de vignettes, soit un écusson, ou des gravures de circonstance comme celle des *Signes merveilleux,* comme le Saint Pierre martyr ou Saint Pierre de Vérone que nous reproduisons, soit le personnage agenouillé qui figure sur quelques livrets, ou encore les armes de Rome.

A la fin de 1588, voici les armoiries royales, France et Pologne accolées, encloses du collier du Saint-Esprit, avec cette mention : « A Troyes. De l'Imprimerie de Iean Moreau, Imprimeur du Roy ». Moreau aura succédé dans ce titre à Claude Garnier, qui le posséda de 1578 à 1583 au moins (2).

En 1589, un écusson de France, grossièrement gravé, occupe parfois la place habituelle des marques.

A la fin de mai, notre imprimeur, complètement acquis à la cause des ligueurs, qui avaient d'ailleurs momentanément englobé le roi avec eux, travaille sous leur égide : « A Troyes, De l'Imprimerie de Iean Moreau, Imprimeur de la saincte Vnion, 1589. Avec Permission. » Ailleurs, il s'intitule : « Libraire et Imprimeur de la Saincte Vnion ».

Celle-ci, le 25 mai 1589, lui avait en effet octroyé

(1) Ce n'est cependant pas lui, comme on l'a dit à tort, qui faisait suivre son nom de celui des Lecoq ; mais son fils et son petit-fils, appelés tous deux « Noël Moreau dit Lecoq ».
(2) Voir mon étude sur *Les Garnier*. Paris, Leclerc, 1900.

un privilège en tout semblable à ceux que la royauté donnait à ses imprimeurs officiels, et Moreau le reproduisait fréquemment sur ses travaux. En voici le texte :

Extraict du Privilege.

Par Priuilege donné & octroyé, par Messieurs du Conseil general de la saincte Vnion des Catholiques : A Iean Moreau, Libraire & Imprimeur [en la ville de Troyes] : Il luy est permis d'Imprimer tout ce qui peut concerner l'Estat public & affaires de la Frāce, & qui sera ordonné & procedera d'iceluy Cōseil. Et sont faictes deffences à tous Libraires & Imprimeurs, de les imprimer ou faire imprimer, ny exposer en vente, [sans l'expres consentement dudict Moreau], ou ce qui sera fait & arresté audit Conseil, sur peine de confiscation des exemplaires, et d'amende extraordinaire : Et qu'en mettant au commēcement ou en la fin vn extraict du Privilege, leur sera pour suffisamment signifié & notifié, comme si elles leur auoient esté particulierement signifiées, & d'icelle baillé coppie, ainsi que plus à plain est contenu par ledict Privilege. Donné à Paris le 25. May, 1589.

Signé,   SENAVLT.

A la fin de la même année 1589, on trouve cette mention : « M. Imprimeur de la Saincte Vnion. Avec Privilege du Roy », ou encore « avec Privilege dudit Seigneur »; or, le seigneur ou le roi, en l'espèce, celui reconnu par l'Union comme successeur de Henri III mort le 1er août, n'est pas Henri IV, mais le

---

(1) *Bulle de N. S. P. Pape Sixte V contre Henry de Valois,* 1589. Les passages mis entre crochets se trouvent dans d'autres reproductions.

FORME DV
SERMENT QV'IL

conuient faire par tout ce Royaume, pour l'entreténement de la Sainɕte Vnion, fuyuant l'Ediɕt & Arreſt fur ce interuenu par ladiɕte Cour.

Auec l'Arreſt de ladiɕte Cour fur ce donné le premier iour de Mars, 1589.

A TROYES.

De l'Imprimerie de Iean Moreau,
Imprimeur de la fainɕte Vnion,
1589.

Auec Permiſsion.

cardinal de Bourbon, pseudo-roi sous le nom de Charles X.

Mêmes mentions en 1591.

En 1590, c'est encore « avec priuilege dudict Seigneur [le Roi] et de Monseigneur le Duc de Cheureuze », alors gouverneur de Champagne et Brie, qu'il édite le *Bref discours* de Pedro Cornejo et une *Ordonnance* du duc de Mayenne.

L'écusson compliqué des Guise timbre à leurs armes, en 1589-1590, *La Victoire obtenue par Monseigneur le duc de Lorraine...* et *La Deffaicte de l'armee du Prince de Dombes...* Il est accolé de croix de Lorraine.

En 1592, on retrouve la formule : « M. imprimeur du roy. Auec permission. » En 1593, « M. imprimeur », seulement ; puis, en 1594, après la soumission de la ville, le « Roy » — le vrai — réapparaît sur les pages de titre.

Le recueil de Courtanvaux, comme celui de la Bibliothèque Nationale, ne renferment pas seulement des impressions datées de Troyes ou non localisées mais troyennes tout de même ; il en est d'autres qui portent des noms de pays et d'éditeurs ou imprimeurs étrangers.

Or, en les examinant de près, on s'aperçoit qu'elles sortent de la même officine que leurs voisines.

C'est d'abord une « *Déclaration de Monsievr de La Chastre aux habitans de la ville de Bourges,* le 24. iour d'Auril. A Paris. Chez Didier Millot, demeurant pres la porte Sainct Iaques. M.D.LXXXIX. »

Didier Millot, imprimeur-libraire à Paris de 1584 à 1590(1), a signé quantité de pièces pour le parti de la Ligue ; il est probable que la plupart sont sorties de

(1) Ph. Renouard, *op. cit.*, p. 271.

ses ateliers ; mais celle dont on vient de lire le titre, au moins, appartient incontestablement à Jean Moreau. On y retrouve, avec le cachet général des impressions de ce dernier, le cul-de-lampe et la tête caractéristiques de la série que nous étudions.

Belle tête de chapitre de Jean Moreau.

Peut-être s'en trouverait-il d'autres dans le même cas, si l'on pouvait comparer toutes celles que possède de lui la Bibliothèque Nationale.

C'est ensuite : « *La Deffaicte des trouppes ennemies, conduites par le sieur de Saultour, pres Mery.* Imprimé à Chaallons, par Nicolas des Bois. M.D.LXXXIX. »

Un Nicolas du Boys était libraire et relieur à Châlons-sur-Marne, où sa présence a été constatée par M. Amédée Lhote (1) de 1571 à 1589. C'est lui, bien sûr, l'éditeur de *La Deffaicte* (le changement du « du » de son nom en « des » est un petit accident bien explicable par l'impression à distance, car ici encore c'est Jean Moreau qui en fut l'opérateur. Il y a mis sa belle tête de chapitre et une initiale A de sa grande série à fonds criblé.

Le Catalogue Courtanvaux (2) mentionne de « Nicolas Duboys » une autre plaquette : « *Particularités notables concernant l'assassinat & massacre des duc & cardinal de Guise.* Châlons, Duboys, 1589, in-12. »

(1) *Histoire de l'Imprimerie à Châlons-sur-Marne*, p. 14.
(2) Nᵒ 3031. Vendu 3 l. 1 s. Maroquin rouge.

Peut-être est-ce aussi une impression troyenne. Je ne l'adopterai cependant pas comme telle sans l'avoir vue. . Mais où la trouver?

Type des grandes initiales à fonds criblé utilisées par Nicolas Luce dès 1568, puis par Jean Moreau et ses successeurs, et qu'on retrouve chez les Michelin jusqu'au milieu du XVIIIe siècle.

C'est enfin : « *Advertissement en forme de responce d'vn gentil-homme poictevin. A. F. D. L. Pair de France... A Lengres, De l'Imprimerie de M. Iean Tabourot, demourant pres la grande Eglise* » et « *Response de Domp Bernard Doyen de l'Oratoire de Sainct Bernard des Feuillans lez Paris, à vne lettre à luy escrite & enuoyee par Henry de Valois... A Lengres, De l'Imprimerie de M. Iean Tabourot, demourant devant la grande Eglise.* »

Jean Tabourot n'est pas cité par MM. Daguin et le frère Asclépiade, les auteurs de *L'Imprimerie et la Librairie dans la Haute-Marne et dans l'ancien diocèse de Langres.* La cause en est sans doute qu'il n'a jamais existé. A-t-on voulu attacher à ces productions le nom d'Étienne Tabourot, qui précisément signe, à la suite d'un *Advis des estats de Bovrgongne avx Francois,* imprimé par Jean Moreau en 1590, un sonnet « Sur le present Discours, en forme d'Advis. Le Seignevr Des Accords »? C'est fort possible.

Quant à l'adresse « près » ou « devant la grande Eglise », elle est probablement tout aussi fausse. On la retrouve, en 1667-1670, sur deux plaquettes anti-jansénistes soi-disant éditées ou imprimées « A Troyes, Chez Chrestien Romain, à la vraye Foy, prés la grande Eglise (1) », nom et adresse aussi fictifs que ceux de Tabourot.

Tête en vignettes et M initiale employées par Jean Moreau.

Pour en revenir aux deux pièces publiées sous ce dernier nom, j'ai reconnu leur provenance troyenne, pour la première, par une tête en vignettes existant

(1) Collection de l'auteur.

ailleurs, notamment dans l'*Advertissement des catholiques de Bearn*, donné en 1589 par Jean Moreau, et surtout par une M initiale qui se retrouve au n° 30 du recueil de la Bibliothèque Nationale (1) ; et, pour la deuxième, par la belle tête de chapitre de Moreau et la même initiale.

L'absence de cul-de-lampe sur le titre, où se trouve un grand blanc à la place, disposition toute spéciale à ces deux seules pièces, peut avoir été voulue pour dérouter les curiosités intéressées.

M. Alexandre Assier (2) a admis Jean Tabourot, sans hésitation, comme imprimeur, sur deux titres : l'*Advertissement* cité plus haut et un « *Vray et sommaire discours de ce qui s'est passé en l'armée conduite par S. M. Très chrestienne depuis son advènement à la couronne jusques au premier moys d'avril 1591*, in-8. » Il est à supposer que ce dernier article appartient aussi à Jean Moreau, mais le manque de référence oblige à

---

(1) Ces chiffres se rapportent, non à ceux qui sont mis à l'encre sur chacune des pièces de ce recueil (lesquels vont de 1 à 57 en négligeant l'*Histoire de Gaverston* et en comptant un 20 bis et un 42 bis), mais à ceux donnés par la liste d'entrée de la collection de Compiègne à la Bibliothèque Nationale, dans une Annexe au *Bulletin mensuel des récentes publications* de 1890.

Je n'ai pas pu adopter la numérotation des Catalogues, où l'on trouve, par suite de la confection des fiches par plusieurs rédacteurs qui ont différé dans leur façon de procéder, les articles du recueil comptés avec ou sans l'*Histoire de Gaverston*. Ainsi, tandis que la *Responce* chiffrée 4 à l'encre porte dans le *Catalogue des Actes royaux* la cote La^{25}. 24 (5) et l'*Edict* chiffré 1 est coté (2), la *Harangue* n° 6 porte la même cote (6) et le *Règlement* n° 11 garde également son chiffre (11).

J'irai de 1 à 60, dans l'ordre des pièces du recueil, qu'il serait désirable de voir numéroter à nouveau selon ce système.

(2) *Nouvelle Bibliothèque de l'amateur Champenois. Pièces rares ou inédites relatives à l'histoire de la Champagne et de la Brie*, IX, p. 38.

réserver cette conclusion. C'est d'autant plus sage que Langres avait un imprimeur, Jehan des Preyz, dès 1582.

Il résulte de tout ce qui précède que les soixante articles du recueil de la Bibliothèque Nationale, qu'ils soient signés ou non, localisés ou non, ou bien attribués à Guillaume Bichon, à Nicolas du Boys, à Jean Tabourot, sont en réalité des impressions de Jean Moreau de Troyes, qui d'ailleurs en a donné encore beaucoup d'autres dans le même esprit de propagande catholique.

S'il fut le principal producteur d'écrits politiques, à Troyes, pendant la Ligue ; s'il eut le monopole, durant plusieurs années, des élucubrations des partisans de la Sainte-Union, il s'en faut qu'il ait été le seul et le premier à exploiter cette mine féconde.

Nicolas Luce, qui en 1560 avait imprimé la *Harangue* de Jacques de Silly aux États d'Orléans, avec laquelle commencera par affinité, quoique un peu prématurément, notre liste bibliographique, donna deux Edits en 1568 et 1570 et peut-être quelques placards gothiques.

Originaire de Lyon, semble-t-il, fixé à Troyes dès 1556, il est mort entre 1572 et 1574. Son adresse était rue Notre-Dame, devant celle de la Petite-Tannerie (1).

(1) Voir : *Une imprimerie troyenne trois fois séculaire*, 1899, p. 4 ; G. Lepreux, *Gallia typographica*, série départementale, t. II, p. 157. Je dois rendre ici l'hommage qu'il mérite au volume que M. Georges Lepreux a consacré aux provinces de la Champagne et du Barrois. Encore que venu tandis que mon travail était fait et même composé en partie déjà, et qu'il en ait défloré certaines trouvailles, ce dont je suis un peu confus, il lui apporte de précieux éléments dont je me suis empressé de profiter.

La veuve de Nicolas Luce, Catherine, publia après lui, de 1574 à 1577, cinq plaquettes dont trois au moins « sur la copie de Paris ». Son nom disparaît ensuite de la typographie troyenne.

Soit que Nicolas Luce ait eu, je ne sais à quel titre ou par quel enchaînement, part à l'imprimerie des Lecoq-Trumeau-Moreau, dont la succession est demeurée très obscure pendant presque tout le xviᵉ siècle, soit pour toute autre cause, on trouve chez lui et chez sa veuve les grandes initiales à fonds criblé qu'utilisa ensuite Jean Moreau, et chez sa veuve encore (sinon chez lui) des initiales gothiques, également à fonds criblé, de l'atelier des Lecoq.

Le dernier de ceux-ci, Jean II, ou plus probablement Jean III Lecoq, n'a qu'une part incertaine dans la série qui nous occupe. La présence de certains types de lettres qu'il employait porterait à lui attribuer une Ordonnance du gouverneur de Champagne, datée du 28 avril 1562, relative aux guerres de religion, un Règlement militaire de 1569 et quelques autres pièces peut-être ; M. Socard met à son nom une édition de l'Édit de pacification de 1570, que je n'ai point vue. Mais ce ne sont pas là des certitudes. Rien de plus vague, en effet, rien de plus imprécis que l'existence des nombreux ateliers troyens de la fin du xviᵉ siècle, dont les périodes d'activité constatée s'enchevêtrent d'une façon désespérante.

Le premier Jean Lecoq avait exercé de 1507 à 1524, sa veuve continua jusqu'à 1532 ou 1533 ; après quoi son gendre Thibault Trumeau tint la place. En 1541 apparaît un nouveau Jean Lecoq, qui aurait travaillé jusqu'à 1589 si cette longue période ne devait pas être partagée entre deux titulaires : l'un de 1541 à 1558, par exemple, l'autre de ...1573 à 1589, avec une lacune entre les deux, remplie par François Trumeau ou par Nicolas Luce, qui l'un et l'autre ont usé des mêmes caractères (1).

François Trumeau, un des derniers imprimeurs troyens de ce nom, a donné six pièces politiques de 1563 à 1569; cinq d'entre elles, consacrées à la mort de François de Lorraine (24 février 1563), sont en caractères gothiques dont il avait conservé l'usage pour les livres liturgiques qui faisaient sa principale occupation. Peut-être remplit-il la lacune entre les deux Jean Lecoq dont j'ai cru devoir faire la distinction.

Je n'ai rencontré aucune des pièces que lui attribuent les fiches de M. Socard.

Fils de Thibault Trumeau et petit-fils de Jean I

(1) Le problème eût pu être éclairé si nous possédions pour toute la ville l'enquête faite le 20 avril 1563, dans le but d'obtenir de tous les habitants une déclaration sur leur façon de penser au sujet de la nouvelle religion. Malheureusement, le registre d'un des quatre quartiers, celui de Comporté, existe seul aux Archives municipales (BB., 14ᵉ carton). Il donne les noms de :

2 imprimeurs (Nicolas Luce, Catherine sa femme, leurs quatre enfants, un serviteur et une servante) ; « Huttier Collenar » (Ythier Collemier (?), sa femme et Berthélemy leur fils) ;

9 libraires (Michel Loinctier, Jeanne sa femme, Michelle leur petite fille et une servante; Denis Loinctier et Nicole Champeaux sa femme; Jean Colletz, Guyonne sa femme et trois enfants; Jacques Pyot, Edmée sa femme et deux enfants; Jean Roger, Simonne sa femme et trois enfants; Mahiet le Febvre, Anne sa femme et Savinien leur fils; Guillaume le Febvre et Agnès sa femme, pauvres; Odard le Febvre, Claire sa femme et Nicolas leur fils; Claude, veuve d'Eloi Fouquerel, avec cinq servantes âgées de 12 à 18 ans) ;

1 cartier (Guillaume Gaulthier, Gillette sa femme et Blaise leur fils) ;

2 enlumineurs (Jean Cadet, Guillemette sa femme et Jeanne leur nièce; Jean Vattepin, Marguerite sa femme, leurs trois enfants et une servante).

Lecoq (1), il demeurait dans la rue Notre-Dame. On trouve de ses productions, comme imprimeur ou comme libraire, car il n'est pas toujours facile d'en faire la différence, de 1563 à 1586.

Il y eut, en effet, deux François Trumeau : l'un imprimeur, qui selon M. Rondot (*Les Relieurs de livres à Troyes*, p. 9) était mort en 1572 ou 1573 et dont la veuve existait encore en 1592 ; l'autre, libraire, sans doute fils du premier, demeurant près de la veuve François Trumeau en 1591-1592, non loin de la veuve de Thibault Trumeau (Arch. mun., F. 272, 273).

François Trumeau se piquait de poésie. On a de lui — peut-être en autographe — la traduction en vers français de l'épitaphe latine de Claude Le Cointre, apothicaire à Troyes, décédé le 15 juin 1586 (2).

Jean Damian. — S'il fallait en croire la suscription d'une édition de l'Édit de 1562 pour la pacification du royaume, un imprimeur de ce nom aurait travaillé à Troyes en 1568. J'ai cru devoir affirmer qu'il y avait là supposition de nom ou de lieu, sans pouvoir dire quels étaient les vrais (3). Depuis, M. J. Baudrier, le minutieux auteur de la *Bibliographie lyonnaise*, m'a

---

(1) M. G. Lepreux (p. 201) observe que M. Corrard de Breban dit François Trumeau fils d'une Lecoq, tandis que M. Rondot le fait naître en 1538 de Jeanne Gombault. D'abord, François dut naître avant 1538, puisqu'il travaillait dès 1557, selon M. Rondot ; et, de fait, le fils qui vint à Thibault Trumeau le dimanche avant Noël de 1538 n'est pas prénommé dans l'acte de baptême ; et naissant quelques années auparavant, il n'était pas fils de Jeanne Gombault, laquelle se maria en 1535 seulement avec Trumeau, veuf (Reg. de la paroisse Saint-Jacques).

(2) Bibl. de Troyes, manuscrits du fonds Mitantier.

(3) *Question bibliographique. Un imprimeur troyen apocryphe (Jean Damian, 1568)*. Besançon, Jacquin, 1909. (Extrait du *Bibliographe moderne*, 1908.)

fait connaître, avec preuves à l'appui, qu'il s'agissait d'une œuvre venue de Lyon : il m'a notamment signalé la vignette du titre comme étant une de celles de Benoît Rigaud, reproduite par lui sous le n° 28 ; le bandeau qui sert de tête de chapitre se retrouve également, avec ses particularités et ses défauts accidentels, chez Rigaud en 1573 ; l'initiale C appartient à un alphabet dont Pillehotte était pourvu ; et les armes de France qui terminent l'opuscule existent chez Pierre Merant en 1565. M. J. B. en conclut que cette pièce a été imprimée avec un matériel lyonnais, et très probablement à Lyon même, par un des imprimeurs en chambre qu'employaient Rigaud et Pillehotte. Voilà qui est fixé quant à l'origine.

Maintenant, quel était ce Jean Damian, dont j'avais cru pouvoir nier l'existence à Troyes ? On n'en sait rien encore, car M. G. Lepreux, dont les recherches se sont étendues méthodiquement à toute la France, ne le connaît pas non plus. Pourtant, ce dernier ne croit pas à un nom supposé, mais à un imprimeur ayant exercé passagèrement à Troyes avec un matériel spécial, sans aucune raison de se cacher pour imprimer un acte officiel tombé dans le domaine public. Mais est-ce si sûr que cela ? Si l'auteur de la première édition avait, par exemple, un privilège de dix ans, il était trop tôt en 1568 pour rééditer son œuvre ! Et même sans comporter de limitation, le privilège d'imprimeur du roi n'était-il pas général, s'appliquant aussi bien aux actes déjà anciens qu'à ceux rendus tout nouvellement ?

Bref, je ne suis pas convaincu et la question reste posée, à savoir : Quel était ce Jean Damian ? Où imprima-t-il ?

Claude Garnier, nommé imprimeur du roi par lettres patentes du 3o janvier 1578 (1), a fait à ce titre diverses publications officielles, notamment les actes de la cour des Grands Jours qui siégea à Troyes en 1583.

Sa présence à Troyes est constatée dès 1563 et ses impressions commencent à 1574, juste à la mort de Charles IX. Il habitait rue de la Petite-Tannerie et avait sa boutique dans la rue Notre-Dame.

Il disparaît comme imprimeur en 1588, remplacé dans sa fonction officielle par Jean Moreau. Sa fin est une énigme. Je croyais le reconnaître dans celui qui, en janvier 1589, suspect de protestantisme, ayant refusé le serment exigé par le duc de Mayenne le 25 janvier 1589, fut banni avec quinze autres réfractaires et, « s'étant échappé, fut tué près de la ville (2) ». Et, de fait, il ne figure pas dans le Rôle d'impôt de 1591 (3).

(1) Lepreux, *op. cit.*, p. 115 et Documenta, n°s 248-249.
(2) Boutiot, *Histoire de Troyes*, IV, p. 170. — Cette mort porterait à trois le nombre des martyrs fournis à la cause des idées nouvelles par la corporation troyenne du Livre : Macé Moreau, brûlé le 18 octobre 1546; Christophe Ludot, massacré le 4 septembre 1572, et Claude Garnier en janvier 1589. Sans compter « Michel le libraire », qui, en 1560, n'échappa sans doute au même sort que par une opportune évasion.
(3) Rôle d'impôt établi, le 26 juin 1591, pour la répartition de 10 000 écus destinés à la réparation des fortifications de la ville, rôle qui indique les nom, profession, domicile approximatif et état de fortune de tous les chefs de famille, même impotents.
La corporation du Livre y est représentée par : 11 imprimeurs, 15 libraires, 6 relieurs, dont on peut connaître la situation par la taxe qui leur est imposée :
Imprimeurs : la femme Jean Moreau, 1 écu 3o sous; *Blaise Boutard, Nicolas Girardon*, 4o sous; Philippe Carre, 10 sous; Fiacre [Tassin ?]. *Jean Griffard, Léger Charbonnet*, Claude Salomon, François Moreau, Andry de Vauldes, Jacques Dupont, non taxés.
Libraires : Jean Moreau (dans un autre quartier que « la femme Jean Moreau »), 3 écus 3o sous; la veuve Jean Dureau, 2 écus; *Pierre de Villiers*, 1 écu 5o s.; *François Trumeau*, 1 écu

Mais, alors, comment son nom se trouve-t-il à la fin des *Heures* de Sens pour 1593-1608 (1), « Imprime a Troyes, chez Claude Garnier, demorant en la petite Tennerie a limage Sainct Edme : tenant sa boutique en la rue nostre Dame deuant la Croix blanche. M.D. LXXXXI », dont le titre porte le nom du même Jean du Ruau, ce qui complique les choses au lieu de les expliquer ?

Jean du Ruau n'a publié, à ma connaissance, que trois pièces touchant les affaires publiques, en 1576, 1578 et 1595 (?).

Imprimeur, libraire et graveur, on le trouve dès 1560 dans les registres de catholicité. Ses travaux datés commencent à 1576, mais il n'est guère facile de dire quand ils finissent. On en connaît de certains jusqu'en 1587 ; ensuite apparaissent les *Heures* de Sens pour 1593-1608, « Imprimees à Troyes par Jean du Ruau », et dont l'explicit porte : « Imprime a Troyes chez Claude Garnier,... M.D.LXXXXI » ; puis, selon le

40 s. ; *Jean Oudot*, 30 s. ; *Pierre Mitantier, la veuve Nicolas Dareau*, 10 s. ; Nicolas Collemier, François Guilliot, Michel Courtot, *Nicolas Sace* (Sacey), Jacques Marguenat, Guyon Coletz, Odard Febvre, Thomas Mahault ou Machault, non taxés.

Relieurs : Jean le Noble, 2 écus ; Jean Babelin, Pierre Valles, *François Sace*, Mathieu Febvre, *Pierre Tassin*, non taxés.

A côté d'eux, *la veuve Thibault Trumeau*, retirée des affaires, paye 4 écus 30 sols ; *la veuve François Trumeau*, 1 écu 10 sols ; et il y a six faiseurs de cartes à jouer.

Ceux dont les noms sont mis en italiques figurent encore dans un rôle dressé le 27 juillet 1592, pour la répartition d'un emprunt de 10 000 écus destinés aux affaires de la guerre (Arch. mun., reg. F. 273) ; on y trouve, de plus, Christophe Carrey et Estienne de la Hupproye, imprimeurs, Edmey......, libraire, et un nouveau cartier ; mais Nicolas Sacey n'est plus dit libraire et Guyon Coletz est remplacé par sa veuve.

(1) Collection de l'auteur.

Catalogue de la vente de Lignerolles (4ᵉ partie, n° 1554), l'*Admonition* de René Benoist en 1595. Mais il y a un petit inconvénient à ces indications apparemment si précises : c'est que Jean du Ruau était mort avant 1591, ainsi que l'indique sans doute possible le registre F. 272 des Archives municipales, 26 juin 1591 (1), qui mentionne seulement la veuve Jean du Ruau, libraire, sans qu'il soit nulle part question, ni dans ce registre ni dans les suivants, du Jean du Ruau fils auquel on pourrait songer. Il y en avait un, cependant, né en 1567; peut-être exerça-t-il par intermittences. Il épousa en 1597 la veuve de Guyon Coletz, libraire (contrat du 23 avril, min. Tartel).

Le 26 août 1569, le chapitre de Saint-Pierre est appelé à délibérer sur une requête de Jean le Duc, fourbisseur, qui demande que l'on fasse déménager Jean Dureau, « imprimeur huguenot », qui tient dudit chapitre une maison rue Notre-Dame, près de celle du dit Duc, « lequel est chascun jour en danger d'estre brûlé par la malice ou négligence dudict Dureau, ainsy qu'ilz sçavent que par plusieurs fois et mesmement depuis quinze jours le feu a esté mis de nuict en la maison du dict Dureau, à la grand paour et trouble de ceste ville (2) ». Le chapitre renvoya l'affaire à son conseil et il n'en est plus question par la suite. Mais on peut s'étonner de voir qualifier de huguenot l'imprimeur de tant de livres liturgiques.

Nicolas du Ruau, peut-être fils de Jean, après la disparition duquel il apparaît seulement, ne fournit à notre série qu'une pièce, datée de 1586.

---

(1) Voir plus haut, page 24.
(2) Arch. de l'Aube, reg. G. 1286, fol. 24 r°. L'Inventaire sommaire date à tort cette délibération du 22 août.

Imprimeur, les actes le mentionnent dès 1578, mais ses travaux connus sont renfermés dans une courte période qui va de 1584 à 1590. Sa femme était veuve l'année suivante,

. La VEUVE DE NICOLAS DU RUAU succéda pendant quelques années à son mari ; et comme sans doute elle n'avait autour d'elle personne pour travailler à son imprimerie, elle y employa Jean Griffard, qui y fit, en avril 1594, quatre petites plaquettes pour le compte de Jean Collet.

Elle disparaît ensuite elle-même.

NICOLAS I GIRARDON, ancêtre d'une lignée de typographes qui exercèrent à Troyes pendant tout le xviiᵉ siècle, était imprimeur de l'Evêché. Les documents le citent dès 1573, mais ses travaux ne commencent qu'en 1580 et les événements politico-religieux de son époque l'occupèrent jusqu'en 1596.

DENIS DE VILLERVAL, qui publia une « *Coppie du Sermon prononce en l'eglise cathedrale de Troyes*, par Frère Christophe Blaiscau, le 30 août 1587 », est un imprimeur dont l'existence fut aussi courte que peu remplie. Son existence est constatée de 1575 à 1587. Les quatre seules impressions qu'on lui connaît sont de cette dernière année et dès le 17 juin 1588 il était mort. Il habitait, rue Notre-Dame, une maison appartenant au chapitre de Saint-Étienne (1). En 1583, une sentence des Grands Jours de Troyes l'empêcha de faire concurrence à Claude Garnier pour l'impression des actes de cette cour (2).

JEAN DAUPHIN, qui a signé une reproduction de la

---

(1) Arch. de l'Aube, G. 25 bis reg., fol. 151 v° ; G. 26 reg., fol. 149 v°.

(2) Lepreux, *op. cit.*, p. 115 et Documenta, n° 248.

Harangue sur les causes de la guerre, datée de 1587, est cité comme imprimeur dans un baptême du 11 mars 1581 (Saint-Jean) ; il est dit libraire en 1583 et 1584 (Arch. mun., F. 262 et 264), et la pièce de 1587, seul témoin de sa carrière, paraît aussi n'en faire qu'un libraire.

De CHRISTOPHE LAMBERT, également, une seule plaquette, aussi reproduite d'une édition parisienne : *De l'esmotion et tumulte faict à Paris,* le 12 mai [1588].

On ne sait rien d'autre sur cet artisan ; c'était peut-être un fils de Estienne Lambert, imprimeur et libraire à Troyes de 1548 à 1585.

Quoi qu'en dise M. Corrard de Breban dans ses *Recherches sur l'imprimerie à Troyes* (3ᵉ édit., p. 111), je crois que la formule : A Troyes. *Pour* Christoffle Lambert » indique que ce dernier était un libraire pour qui on avait imprimé cette pièce.

JEAN I OUDOT, imprimeur du roi, entre dans notre bibliographie ligueuse pour trois petites pièces datées de 1593-1594.

Libraire dès 1590, il disparaît à une époque indéterminée (1597 ? 1612 ?), confondu avec d'autres membres, portant le même prénom que lui, de la longue série de typographes dont il fut à Troyes le premier représentant (1).

Il demeurait dans la rue Notre-Dame, au *Chapon d'or couronné.*

JEAN II COLLET vient avec quatorze livrets de 1594 à 1597.

Des quatre premiers, il n'était qu'éditeur, puisqu'ils furent imprimés chez la veuve de Nicolas du Ruau, comme on l'a vu dans la notice de cette dernière ;

____

(1) Voir : *Les Oudot,* Paris, Leclerc, 1901.

mais il figure seul sur les autres comme « imprimeur ordinaire du roy ». Il est possible, d'ailleurs, malgré ce titre, qu'il n'ait jamais eu de presses, comme j'ai cru pouvoir le présumer dans mon étude sur *Les Collet*.

On le trouve de 1578 à 1602. Il demeurait dans la rue Notre-Dame.

Jean Griffard, qui était dans la corporation dès 1577, selon M. Rondot (1), demeura rue de la Petite-Tannerie, puis près du Palais ; il a signé des travaux de 1585 à 1615.

Pour ce qui nous concerne, il a imprimé chez la veuve Nicolas du Ruau, pour J. Collet, quatre pièces quasi-officielles en avril 1594.

Pierre Chevillot, imprimeur d'une édition de l'*Edict et déclaration dv Roy svr la redvction de la ville de Troyes*, en 1594, avait commencé par travailler à Paris où, de 1587 à 1594, il donna nombre de pièces relatives aux affaires du temps. Selon M. Georges Lepreux (2), il imprimait depuis quinze ans dans la capitale quand il vint s'établir à Troyes en qualité d'imprimeur du roi, titre dont il avait reçu, à la date du 5 mars 1594, un brevet qui lui fut confirmé par lettres patentes du 20 mars 1596. Il est mort vers 1635.

* *
*

A présent que l'on connaît un peu les imprimeurs et les libraires des mains de qui sortirent les pièces qui font l'objet de cette étude (3), voici la liste de leurs

----

(1) *Les Relieurs de livres à Troyes, du XIVe au XVIe siècle*, p. 9.

(2) *Op. cit.*, p. 88 et Documenta, pièce 258.

(3) Je dis: « que l'on connaît un peu... », car il reste, on l'a vu, bien des points obscurs dans ces esquisses biographiques. Et

travaux spéciaux pendant les quarante dernières années du xvie siècle. Elle montre quel parti l'activité belliqueuse de nos ancêtres sut tirer des moyens mis à sa disposition par l'Imprimerie.

Ce côté important de la lutte, lutte à cent faces, dans laquelle la presse n'eut pas un rôle moindre que la parole ou que les armes, n'a pas été mis en relief par les historiens locaux de la Ligue : les principaux d'entre eux (Th. Boutiot, *Histoire de Troyes* ; A. Prévost, *La Ligue* à Troyes, l'un copiant l'autre en le complétant) ont à peine cité quelques-uns des livrets qui des presses de nos imprimeurs s'en allaient semant, avec des nouvelles ou des ordres, la haine, le mensonge, l'injure, les insinuations, comme autant d'armes empoisonnées mises en œuvre contre l'ennemi.

Il en est de même de M. Hérelle (*Le Protestantisme en Champagne*), qui a réuni tant de documents manuscrits pour la région septentrionale et orientale de notre province ; pourtant, Châlons et Reims ont produit aussi un assez bon nombre de pièces du genre de celles qui nous occupent (1).

Dans son *Recueil des plaquettes historiques champenoises du* xvie *siècle* (Paris, H. Champion, 1885), M. Édouard de Barthélemy étudie un certain nombre

il en est d'autres. A quel fait corporatif, par exemple, se rapporte une notule recueillie dans les *Nouvelles recherches de bibliographie lorraine* de M. Beaupré, p. 78 :

« 1592. Dernier novembre. Sera adressée une lettre à Monsieur le Comte de Brienne pour faire rendre, par les soldats, les caractères de Jean Wapy, sur le chemin de Troyes, attendu qu'il est en neutralité ». (Délibérations municipales de Verdun.)

Jean Wapy imprima à Verdun de 1592 à 1630. Avait-il acheté le matériel d'un Troyen ?

(1) Je me propose de donner la liste de celles imprimées dans la première de ces villes, dans un Supplément à l'*Histoire de l'Imprimerie à Châlons-sur-Marne* de M. Amédée Lhote.

de pièces relatives à la Champagne, mais il en a trouvé très peu d'origine troyenne ou concernant Troyes. D'ailleurs, il a mis à contribution la Bibliothèque nationale avant que le recueil La[25].24 y soit entré, et ne paraît pas avoir donné suite à son projet d'explorer successivement les autres collections publiques et privées. Ajoutons que ses descriptions fourmillent de fautes.

Enfin, si, dans *Les Théories sur le pouvoir royal en France, pendant les guerres de religion* (Paris, Hachette, 1892), M. Georges Weill examine, au point de vue des opinions émises par leurs auteurs, beaucoup de pièces imprimées, il ne s'occupe pas du côté bibliographique de la question, étranger à son cadre.

** **

On ne me reprochera pas, je pense, de commencer ma liste, antérieurement à la Ligue, par des impressions remontant jusqu'à l'année 1560, car celles-ci se rattachent étroitement aux suivantes et gagnent à en être rapprochées.

Pour la même raison, j'ai fait état, à leur date, de quelques pièces non imprimées à Troyes, mais concernant cette ville ou ses environs.

J'ai adopté pour classement l'ordre chronologique d'impression, aussi strictement que l'ont rendu possible les indications bibliographiques ou autres. Quand j'ignore la date d'impression, je place la pièce à la plus récente qui s'y trouve citée. Enfin, si je n'en connais que l'année, ou le mois, je la place en tête de cette année ou de ce mois.

Les coupures des titres ne sont marquées que quand elles doivent servir à différencier des éditions. Hormis ce cas, il est inutile, à mon sens, de surcharger la lecture de leurs minutieuses complications.

Sauf quand il s'agit de placards, ce que j'indique, toutes les pièces sont du format petit in-8° et tirées par cahiers de huit pages, selon l'usage à peu près général de l'époque. Rognées, comme elles le sont presque toutes, elles ont environ 15 centimètres sur 10 ; non rognées, 18 centimètres sur 10 1/2 à 11 1/2, ce qui correspond au format couronne.

LISTE DES IMPRESSIONS POLITIQUES TROYENNES
DE 1560 à 1600

1560

1. — 🙟 De par le Roy. (Lettre du roi François II, avisant le bailli de Troyes qu'il fera tenir les états généraux à Meaux.) 30 août 1560. — Suit la convocation lancée par le bailli Anne de Vaudrey. 25 septembre. — *S. l. n. d.*
Pl. in-fol. Goth.
Arch. mun. de Troyes, reg. P 1ᵉʳ, pièce 4.
Grosse gothique et initiale N de Jean II Lecoq.
Anne de Vaudrey fut bailli de 1559 à 1579.

1561

2. — ❡ La Harengue De par la Noblesse de toute la France faite au Roy tres chrestien Charles neufiesme tenant ses grans Estatz en sa ville Dorleans le premier iour de Januier mil cinq cens soixante [1561 n. st.]. Faite par... Messire Jacques de Silly, Cheualier, Gentillomme ordinaire de la chambre, Damoiseau de Comercy, Seigneur des Baronies de Rochefort, Aulneau et Montmirail, etc. — *Imprime a Troyes par Nicolas Luce Deuant la petite tennerie.*
16 pp. n. ch.
Bibl. nat., Le¹².3ʙ, près d'une édition parisienne de 1561.
Caractères gothiques parmi lesquels se trouvent le gros type et les initiales gothiques à fonds criblé de Jean II Lecoq.
P. 2, dédicace à Jacques de Silly, signée « Bernard du Poy Monglar de Luc ».

3. — 🙟 De par le Roy, Charles par la grace de dieu Roy de France au Bailly de Troyes, ou son Lieutenant Salut... — *S. l. n. d.*
Pl. in-plano. Goth.
Arch. mun., BB, 15ᵉ carton, 2ᵉ liasse.

Lettres patentes par lesquelles le roi annonce l'accord sur-
venu entre la Reine sa mère, le roi de Navarre son oncle, et
ses cousins le cardinal de Bourbon, le prince de Condé, le
duc de Monpensier et le prince de la Roche-sur-Yon, et or-
donne la nomination de délégués pour les états généraux dont
la tenue est fixée au 1er mai 1561, à Melun. Fontainebleau,
25 mars 1560 (v. st.). — Suit une lettre par laquelle Antoine de Bourbon, roi de Navarre, confirme celle du roi.
Fontainebleau, 30 mars.

4. — De l'abolissement de la Messe.

Cet opuscule ne fut peut-être pas imprimé à Troyes ; il
est indiqué par Sémilliard (Bibl. de Troyes, ms. 2317, t.
II, fol. 181 r°) : « Vers ce temps [21 septembre 1561], se
répandent à Troyes de petits livres intitulés : *De l'abolissement
de la Messe.* »

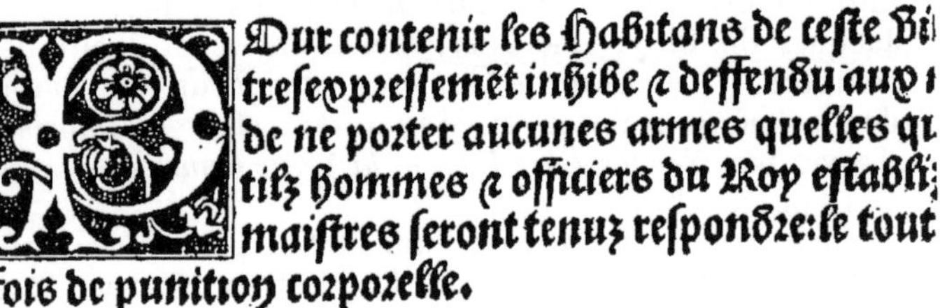

Type des initiales et des caractères de texte de Jean II Lecoq
et de ses successeurs.

5. — ❧ De par le Roy. ☜ De par le Roy nostre sire,
et monseigneur de Barbezieux Lieutenant general de sa ma-
geste (*sic*), Au gouuernement de Champagne, & Brye, En
labsence de monseigneur le Conte Deu. Pour contenir les

Habitans de ceste ville de Troyes en une bonne paix & union fraternelle... — *S. l. n. d.*

Pl. in-plano. Goth.

Arch. mun., lay. 20, pièce 9, et reg. P 1er, pièce 6.

Défenses de se provoquer, injurier, quereller pour cause de religion ou autre affaire politique ; mesures pour la sécurité de la ville. 27 octobre 1561.

Les deux premières lignes sont en grosse gothique de Jean II Lecoq ; initiale P gothique à fonds criblé, du même.

Charles de La Rochefoucauld de Barbezieux, seigneur de Vendeuvre, fut lieutenant en Champagne jusqu'en 1579 ; il mourut en 1583.

Le comte d'Eu, François II de Clèves, duc de Nevers, marquis d'Isle [-Aumont], gouverneur de Champagne et de Brie, venait de remplacer dans ce poste son père François Ier de Clèves ; il fit son entrée solennelle à Troyes le 22 novembre. On le retrouve dans la pièce suivante sous le nom de duc de Nivernais, dont il hérita à la mort de son père, arrivée le 13 février 1562 (n. st.). Lui-même mourut le 10 janvier 1563 (n. st.).

1562

6. — De par le Roy Et monseignr le Duc de Nyvernois: Gouuerneur et Lieutenant gencral de sa Maieste, Es prouinces de Champaigne & Brye. ✠ Pour contenir les habitans de cette ville de Troyes... — *S. l. n. d.*

Réédition à peu près textuelle, mais moins complète cependant, de l'ordonnance qui précède. — 28 avril 1562.

Pl. in-plano. Goth.

Bibl. nat., Coll. de Champagne, vol. LXXI, fol. 215.

7. — De par mon seigneur le Duc de Niuernois, Pair de France : Gouuerneur et Lieutenant general pour le Roy, En Champagne, et Brye. — Armes de France. — *S. l. n. d.*

8 pp. n. ch. Goth.

Bibl. nat., Rés. F. 1884.

Ordre à ceux qui ont « suivy les presches » de se confesser, de communier et d'assister aux offices catholiques, sous peine d'être expulsés ou emprisonnés. 14 septembre 1562, publié à Troyes le 17.

P. 3, grand A à fonds criblé ; p. 8, autre écusson de France, le même que dans notre pièce n° 12, imprimée chez Trumeau et qui a aussi sur son titre celui indiqué ci-dessus ; grosse gothique de Jean II Lecoq.

1563

8. — Memoire lamentable sur le trepas de Tres-Illustre & tres-magnanime Prince Messire François de Lorraine Duc de Guise, Chevalier de l'Ordre, Pair de France & Lieutenant general pour le Roy : avec propos memorables de ce bon Prince, sur l'heure de son trepas.

« ... petit Recueil de huit pages partie en vers partie en prose Imprimé, en lettres Gothiques à Troyes chez François Trumeau... »

Nouvelles remarques sur le Catholicon d'Espagne, par Le Duchat (*Satyre Ménippée,* édition de Ratisbonne, chez les Héritiers de Mathias Kerner, 1726, t. II, p. 232).

Je ne connais pas cette édition troyenne de l'œuvre de Lancelot de Carles, évêque de Riez (1551-1568), qui recueillit les dernières paroles de François de Lorraine, duc d'Aumale et de Guise, mort devant Orléans, le 24 février 1563 (n. st.), d'un coup de pistolet qui lui avait été tiré le 18 par Poltrot de Méré (1). — Autres éditions : Paris, B. Regnault (Bibl. nat., Lb^{33}. 98), C. Blihart (Lb^{33}. 98 A) ; Douai (Catal. Secousse, n° 2020).

9. — Recueil des derniers propos que dit & tint feu Tres-illustre Prince, Messire François de Lorraine, Duc de Guise, Chevalier de l'Ordre, Pair de France, & Lieutenant General pour le Roy : prononcez par lui peu devant son trespas à Madame la Duchesse sa femme, Monsieur son fils, Messieurs les Cardinaux, ses freres, & à plusieurs assistans à l'heure de son trépas.

« ... Livre qui fut imprimé d'abord en Lettres Gothiques avec Privilege, à *Troyes,* chez *François Trumeau...* »

(1) Un service pour le repos de l'âme de François de Lorraine fut célébré à la cathédrale de Troyes, où le passage de son corps par la ville fit encore l'objet d'une cérémonie le 26 mars.

Nouvelles remarques... de Le Duchat, *op. cit.*, p. 230.

C'est une autre forme de l'ouvrage précédent.

Réimprimé entre autres à Paris, chez Jacques Kerver, en 1563, sous le titre: *Lettre de l'Evêque de Riez au Roy*; inséré dans les *Mémoires de Condé* (1743, t. IV, p. 243-265) et dans les *Archives curieuses de l'Histoire de France* (t. V, p. 171-197).

L'éditeur des *Mémoires de Condé* (Secousse ?), dans ses Remarques, dit tout d'abord, d'après Le Duchat, que l'édition troyenne était la première ; puis, l'ayant vue, il déclare que ce n'est qu'une contrefaçon d'une impression parisienne antérieure à celle de Kerver (t. IV des *Mémoires,* p. 265 et 696). Ces détails sont de peu d'importance pour nous ; ils en acquièrent au point de vue anecdotique à cause d'une allusion que le duc mourant semble avoir faite à des infidélités de sa femme et que le « premier ject » recueillit sans sourciller, tandis qu'on l'enleva des réimpressions qui suivirent. Seules, les premières éditions de Paris et de Troyes l'enregistrèrent.

10. — Regrets sur le décès de François de Lorraine, duc de Guise. — *Troyes.* Goth.

Catalogue Secousse, n° 2020.

Probablement imprimé par François Trumeau comme les pièces précédentes.

11. — Saint et pitoïable Discours, comme ce bon Prince François de Lorraine, Duc de Guise, se disposa à recevoir le S. Sacrement de l'Autel. *Troyes.*

Catalogue Secousse, n° 2020.

Imprimé sans doute par François Trumeau.

Des éditions en ont été données à Paris par B. Regnault (Bibl. nat., Lb33. 103) et par C. Blihart (Lb33. 103 a). La première est reproduite dans les *Mémoires de Condé* (t. IV, p. 268-270) ; les *Archives curieuses* (t. V, p. 199-204) ont aussi donné cette pièce.

12. — ⚜ Ordonnance faicte par Monseigneur le duc Daumalle, Pair de France, Gouuerneur de Bourgongne, et Lieutenant general du Roy, en Chāpaigne et Brie, Suyuant la volonte du Roy, et les Edictz de la Paix. — Armes de

France. — ❡ *A Troyes Chez François Trumeau : Rue Nostre Dame, pres les Trois Escus.*

16 pp. n. ch. Goth.

Bibl. nat., Rés. F. 1885.

Ordonnance datée de Troyes, 3 juillet 1563, et signée par Claude II de Lorraine; publiée le surlendemain.

P. 3, grand I à fonds criblé; p. 16, écusson aux armes de France; grosse gothique de Jean II Lecoq.

1564

13. — Le Recueil des triomphes et magnificences qui ont este faictes au logis de Monseigneur le duc d'Orleans, frère du Roy, estant à Fontainebleau au festin qu'il feit le lundy gras dernierement xiiiiᵉ iour de feburier. — *Imprime à Troyes, chez François Trumeau. S. d.* Pet. in-8 de 20 ff. Goth.

Cette pièce, où se trouvent des vers composés par Ronsard, doit être de l'année 1564, dans laquelle le lundi gras tombait le 14 février.

Fiche de M. Emile Socard. — N° 5285 du catalogue La Vallière; vendu 3 l. 1 s.

14. — Chant d'allegresse pour l'Entree de tres-chrestien… Prince Charles IX. de ce nom, Roi de France, en sa ville de Troïe, par Jean Passerat Troïen… — *Troyes,* 1564.

Fiche de M. Emile Socard.

Cette pièce doit être de François Trumeau, comme les précédentes et la suivante.

Une édition de Gabriel Buon, à Paris, est à la Bibl. nat., Ye. 380.

Jean Passerat, alors régent au collège de Beauvais à Paris, reçut 12 livres de la Ville de Troyes « Pour avoir faict imprimer en grande quantité les compositions faictes sur chacun mistère de ladicte entrée » (Arch. mun., reg. K 9, fol. 61 v°).

Charles IX et la cour résidèrent à Troyes du 23 mars au 16 avril 1564.

Passerat annonce dans cette pièce qu'il prépare un ouvrage à la gloire de sa ville natale. Il l'écrivit sous le titre : *Les Louanges ou Histoires de Troyes et des Troyens,* mais il est sans doute demeuré manuscrit et je n'en sais rien de plus. (Voir Lelong, n° 34300.)

1566

15. — ❧ De par le Roy. Charles par la grace de Dieu Roy de France, A tous ceux… — *S. l. n. d.*
Pl. goth.
Bibl. nat., Rés. F. 725 ; Coll. de Champ., vol. 47, fol. 42.

Sur la requête du Clergé du diocèse de Troyes, injonction à tous gentilshommes, possesseurs, propriétaires et tenanciers d'héritages, de payer les « dixmes et primices champartz » dont ils sont redevables. Saint-Maur-des-Fossés, 6 juin 1566 ; enregistré au Parlement le 21 juin.

Au commencement de cette pièce est une belle initiale C, à ornements calligraphiques (33×24^{mm}), qui paraît venir de l'imprimerie des Lerouge.

1568

16. — ❧ Edict du Roy, contenant interdiction et défence

Marque de Nicolas Luce.

de tovte presche, assemblée, & exercice d'autre Religion,

que de la Catholique, Apostolique & Romaine. — Marque de l'imprimeur. — *A Troyes. Par Nicolas Luce Imprimeur Avec privilege* 1568.

28 pp. n. ch.

Bibl. nat., F. 46837 (7).

Septembre 1568.

P. 3, grande initiale C à fonds criblé.

16 bis. — Voir à la fin.

1569

17. — ❦ Edict du Roy, par leqvel il erige et instictve en tiltre d'office des gardes des seaulx en toutes ses Cours, Chambres des Comptes, Aydes Monnoyes, Tresor, Cōnestablie & Mareschaussee, Admiraultê, Requestes & Preuosté de son hostel, Eaux & forests, sieges Presidiaux, & aultres Cours & iuridictions de son Royaume. — Armes de France supportées par deux anges (69 × 68). — *S. l. n. d.* (1569 ?)

32 pp. n. ch.

Arch. mun., lay. 35, pièce 1.

Edit du 24 septembre 1568, publié à Troyes le 19 janvier 1569.

P. 3, belle tête de Jean Moreau ; p. 3 et 31, grandes initiales à fonds criblé.

18. — Charles de la Rochefoucault, Seigneur de Barbezieulx, Cheualier de Lordre du Roy, Capitaine de cinquante hommes d'armes : et Lieutenant general pour sa maieste en ses Pays de Chāpagne et Brye, en labsence de Monseigūr le Duc de Guyse... — *S. l. n. d.*

Pl. in-plano. Goth.

Arch. mun., lay. 20, pièce 17 ; Arch. de l'Aube, vitr. 17.

Règlement pour la milice bourgeoise de la ville de Troyes. 2 octobre 1569.

Grande initiale C à fonds criblé ; grosse gothique de Jean II Lecoq.

Reproduit par M. Albert Babeau dans *Le Guet et la Milice bourgeoise à Troyes* (*Mém. Soc. Acad. de l'Aube*, 1878, p. 349-356).

Henri Ier de Lorraine, alors duc de Guise, était gouverneur de Champagne.

19. — Discours de la bataille du troisiesme jour du mois d'oct. 1569, en laquelle il a pleu à Dieu donner tres-mémorable victoire au roy tres-chrest. [à Moncontour], par la bonne et vertueuse conduicte de Mgr duc d'Anjou, son frere... ; avec les noms des prisonniers, blessez et tuez... (1). — *Troyes, François Trumeau, S. d. (1569).* In-8°.

Bibl. de Rouen, fonds Leber, n° 3949.

Éditions de Paris, Dijon, Tours, Orléans, Lyon, à la Bibl. nat., Lb^{33}. 274-279.

1570

20. — Bandeau de vignettes. — Le Reiglement & Ordonnances faictes par Declaration du Conseil Assemblé pres Monsieur de Barbezieulx... — *S. l. n. d.*

Pl. in-plano.

Arch. mun., reg. P 1er, pièce 13.

Recherche des Huguenots ; défense à eux de sortir de leurs maisons, où ils seront ravitaillés par des servantes catholiques ; mise hors la ville des étrangers et des vagabonds ; mesures pour assurer la subsistance de la ville, pour faire l'inventaire des armes, des munitions et du matériel de guerre et pour réparer les fortifications. 25 juin 1570.

21. — Edict du Roy, du mois d'août 1570. Sur la pacification des troubles du Royaume. — *Troyes, Jean Lecoq.* In-8°.

Fiche de M. Emile Socard à la Bibl. de Troyes.

Je ne connais pas cette édition de l'édit d'août 1570, qui a été inséré dans les *Mémoires de l'estat de France sous Charles IX*, t. I, fol. 7 à 16, et que Nicolas Luce a aussi publié à Troyes.

22. — Edict dv Roy svr la pacification de troubles de ce

(1) Un *Te Deum* en actions de grâces de la victoire remportée par le Roi sur les Huguenots fut célébré le 10 octobre à la cathédrale de Troyes (Arch. de l'Aube, reg. G. 1286).

Royaume. Publié à Paris en Parlement, l'vnziesme iour d'Aoust, 1570. — Marque de l'imprimeur. — *Imprimé sur la copie de Paris, par Nicolas Luce. S. d.*

49 pp. n. ch.

Bibl. de Troyes, Catal. loc., n° 4999.

Saint-Germain, août 1570.

P. 3, tête de chapitre avec médaillon représentant David jouant de la harpe ; grand C à fonds criblé.

Au verso du dernier feuillet, armes de France.

1571

23. — Articles de ce qu'il conuient que les Gouuerneurs, Iusticiers, Officiers, Esleuz, Controosleurs, Recepueurs, Maires, Escheuīs ou Cōsulz des Villes, lieux, pays & prouinces de Chāpaigne & Baillage de Troyes : facent & preparēt pour le faict du pouuoir de Monsieur de Vieilleuille Conte de durestz, Mareschal de Erance (*sic*):... que des Commissions des sieurs Delamoignon & du blanc mesnil... — *S. l. n. d.*

Pl. in-plano.

Arch. mun., lay. 20, pièce 18.

Dijon, 20 février 1571.

Grande L à fonds criblé.

François de Scepeaux, comte de Durtal, seigneur de Vieilleville, maréchal de France, délégué par le roi pour l'exécution du dernier édit de pacification, était assisté dans sa mission par Charles de Lamoignon et Nicolas Potier, sieur du Blanc-Mesnil.

1573

24. — Triomphe glorievx de l'Eglise chrestienne, contre ses ennemis. Et du iuste iugement de Dieu, contre vng nommé Gaspard de Colligny, qui fut seigneur de Chastillon, & Admiral de France. Le tout sur le Pseaume, 128. Par Frere Hilaire Coquy, Docteur en Theologie. — Petite marque

de Jean II Lecoq. — *A Troyes, De l'Imprimerie de Iean Moreau.* 1573.

40 pp. n. ch.

Bibl. nat., Lb[33]. 428 ; Bibl. de Châlons.

Lettres initiales à fonds criblé et autres. Notes marginales. — Nombreuses incorrections.

1574

25. — Charles de la Rochefoucault, Seigneur de Barbe-zieulx, Cheualier de l'Ordre du Roy, Capitaine de cinquante hommes d'armes, & Lieutenant general pour sa majesté en ses pays de Chāpagne & Brye, en l'absence de Monseignr le Duc de Guyse... — *S. l. n. d.*

Pl. in-plano.

Arch. mun., lay. 20, pièce 1p.

Règlement pour la milice bourgeoise de la ville de Troyes, 22 avril 1574. Identique à celui du 2 octobre 1569, mentionné sous l'article 18.

Grand C à fonds criblé.

26. — La prinse du comté de Montgommery dedans le chasteau de Donfron, par monsieur de Matignon, Lieutenāt pour le Roy en la basse Normandie, en l'absence du Duc de Bouillon. Le Ieudy xxvii. de May, mil cinq cens soixante &

quatorze. — Cul-de-lampe. — *A Troyes, par la vefue Ni-*
colas Luce, sus la copie de Paris, Auec permission.

32 pp. n. ch.
Bibl. nat., Lb^{33}. 369 D.

Il en existe des éditions de Paris et de Bordeaux. Celle
de Nicolas du Mont (Paris, 1574) est reproduite dans les
Archives curieuses, t. VIII, p. 223-238.

P. 3, tête de chapitre, C gothique à fonds criblé.

27. — Le vray Discours des derniers propos mémorables
tenuz par le feu Roy Charles neufiesme à son trespas [30
mai 1574], avec la royne sa mere et la royne sa femme. —
Troyes, 1574. In-8°.

Bibl. de Rouen, fonds Leber, n° 3994.
Éditions de Paris et Lyon à la Bibl. nat., Lb^{33}. 370, 370 A.

28. — ❦ Lettres patentes de la regence, gouuernement
et administration du Royaume, pour la Royne Mere du Roy,
attendant la venuë du Roy Tres-chrestien Henry troisiesme
de ce Nom, Roy de France & de Poloigne. — Armes de
France. — ¶ *A Troyes. Chez Claude Garnier, demorant en*
la petite Tennerie, sur le premier pont. S. d.

In-8 de 8 pp. n. ch.
Bibl. nat., F. 46846 (23).
Lettres du 30 mai 1574, enregistrées au Parlement le
3 juin.

29. — La Prinse de la ville de Sainct Lo, par Monsieur
de Matignon, Lieutenant pour le Roy en la basse Normandie, en l'absence du Duc de Bouillon; le Ieudy dixiesme
iour de Iuin, Mil Cinq cens septante & quatre. Faisant mention de la prinse de Montgōmery auec les noms, & le nombre de ceux qui sont demourez à l'assault, tant morts que
blessez d'une part et d'autre. — Armes de France. — ¶ *On*
les vend à Troyes, chez Claude Garnier demourant en la
petite Tennerie, sur le premier pont, tenant sa boutique en
la Rue nostre Dame. ¶ *Auec Privilege. S. d.*

16 pp. n. ch.
Bibl. de Rouen, fonds Leber.
Editions de Paris et de Lyon (Bibl. nat., Lb^{34}. 86). —

L'édition troyenne a été réimprimée, par M. le vicomte R. d'Estaintot, dans un recueil intitulé : *Prise d'Armes de Montgommery en l'année M. D. LXXIV* (Rouen, imp. Henry Boissel, 1872).

1575

30. — Le vray discovrs de la deffaicte des reistres par Monseigneur le Duc de Guÿse, le lundy x. d'Octobre. 1575. Ensemble la poursuyte, qui a esté faicte à l'encontre d'iceux. — Armes de France. — *A Troyes par la vefue Nicolas Luce, sus la copie de Paris. Auec Priuilege.*

Relatif à la bataille de Dormans, où le duc de Guise, Henri de Lorraine, devint *le Balafré*.

8 pp. n. ch.

Bibl. nat., Lb³⁴. 124 A.

P. 3, tête de chapitre, L gothique historiée.

P. 8, marque de Nicolas Luce.

Il existe des éditions de Paris et de Tours.

31. — ℂ De par le Roy. Et monseigneur le Conte de Brienne et de Piney :... Cōmandans pour le seruice dudict Sieur Roy : au Gouuernement de Champaigne et Brie : en labsence de Monsieur le Duc de Guÿse... — *S. l. n. d.*

Pl. in-pl., partie en caractères gothiques, partie en romain.

Arch. mun., lay. 20, pièce 20 ; BB, 14ᵉ carton, 2ᵉ liasse.

Ordonnance pour le guet et garde de la ville de Troyes, rendue à l'occasion de la révolte du duc d'Alençon. 24-25 octobre 1575. Signée : Iean de Lvxembovrg.

Q à fonds criblé des Lecoq ; S initiale blanche 13 × 13, grossièrement gravée et un peu italique.

1576

32. — Edict du Roy sur la pacification des Troubles de ce Royaume. Leu & publié, seant ledit Seigneur en son Parlement, le quatorziesme iour de May, 1576. — Armes de

France. — *A Troyes, Par Iean du Ruau, en la ruë Nostre Dame, deuant la Gruë. Auec permission. 1576.*

40 ff. dont 39 ch. (le 39ᵉ indiqué 26 par erreur).

Bibl. nat., F. 46851 (8).

Fᵒ 2, tête de chapitre avec l'écusson de David.

Fᵒ 40 rᵒ, publication de l'édit à Paris, 16 mai.

33. — Histoire miraculeuse de trois soldats punis divinement pour les forfaits, violences, irreverences et indignitez par eux commis, avec blasphemes execrables, contre l'image de monsieur sainct Anthoine. A Soulcy, pres Chastillon sur Seine, le xxj jour de juin dernier passé (1576). — *Troyes, par la vᵉ N. Luce.* In-8ᵒ.

Bibl. nat., Lk⁷. 1990 (Manque en place).

Reproduit dans les *Variétés historiques et littéraires* de Fournier, t. IV, p. 307-309.

Edition à Paris, chez G. Merlin, 1576 (Lk⁷. 1990 A).

C'est un court résumé, avec attribution à un autre pays, d'un fait qui se serait passé à Châtillon même. Il aurait eu pour théâtre « la porte de la Ville sur laquelle paressoit dans une niche l'Image de S. Antoine, & qui donne le Nom à cette porte la », et pour héros quelques soldats de l'armée du duc d'Alençon, « logez au quartier qu'on appelle Chaumont ». *L'Histoire saincte de la ville de Chastillon svr Seine av dvché de Bovrgongne,* du R. P. E. Le Grand (Autun, Blaise Simonnot, 1651), le raconte tout au long (seconde partie, p. 231-258), et M. Gustave Lapérouse en a recueilli les données dans l'*Histoire de Châtillon* (1837), t. II, p. 317-323.

Il forme d'ailleurs la matière d'un autre opuscule imprimé en 1586 par Nicolas du Ruau, que l'on trouve à sa date dans notre série.

Reste à savoir pourquoi le récit de 1586 fait se passer à Châtillon des événements qui dix ans plus tôt étaient localisés à Soulcy, et pourquoi aussi il les date des 11 au 18 juin, alors qu'en 1576 ils se déroulaient tout simplement dans la journée du 21 juin.

Autre question: quel est ce Soulcy, inconnu dans la toponymie de la région? L'un des deux Saulcy ou le Soussey que possède le département de la Côte-d'Or? Ils sont bien

éloignés de Châtillon pour qu'on puisse les en dire distants
d' « une lieue ou environ », même en se trompant de beaucoup. Est-ce la ferme du Souhy (que Cassini nomme Souy,
la carte d'état-major Le Soulni, et le *Dictionnaire des Postes*
Souhys)? Mais elle-même se trouve à plus de quinze kilomètres de Saint-Vorles!

Le P. Le Grand, qui mentionne l'imprimé de 1586, dont
il assure s'être fait certifier la véracité, en 1648, par des
vieillards du pays, interrogés tout exprès, reproduit ensuite
une « rimaillerie grossiere qui fût composée en ces temps-
la [et sur ce sujet] par vn Prestre du diocese de Troye ». Il
n'y a aucun éclaircissement à en tirer, car elle se tient dans
une imprécision complète.

Peut-être les faits ont-ils été amplifiés avec les années,
pour rendre l'histoire plus édifiante.

34. — Lettres dv Roy nostre sire, Pour la Conuocation
& assemblee generale des Estats de toutes les Prouinces de ce
Royaume, en la ville de Bloys, au xve de Nouembre prochain. — Armes de France. — *A Troyes, De l'imprimerie
de Iean du Ruau.* 1576.

15 pp. n. ch.
Bibl. de Troyes, Suppl. général, p. 402.

35. — L'ordre des estats tenvs à Blois, l'an mil cinq
cens soixante seize, le sixiesme iour de Decembre, sous le
tres-Chrestien & inuincible Roy de France & de Polongne
Henry III. du nom. Auec la description de la salle, où lesdits
estats ont esté tenus, & de l'ordre et seāce du Roy, Princes,
Seigneurs & autres qui y ont assiste : Auec les noms & sur-
nōs de tous les deputez particuliers des trois Estats de toutes
les prouinces de Frāce. — Armes de France. — *A Troyes,
Chez la vefue Nicolas Luce demeurāt à la rue nostre Dame.
Imprimé sus la copie de Paris. S. d.*

40 pp. n. ch.
Bibl. nat., Le^13. 18 A.
P. 3, L initiale gothique, à fonds criblé, de Lecoq.

36. — Discours de l'Assemblee generale des Estats,
tenus en la Ville de Blois, commencez le ieudy sixiesme iour
de Decembre Mil Cinq Cens Soixante & seize. Ensemble la

Harangue du Roy prononcée par sa Majesté en ladicte assemblée. — Fleuron. — ¶ *Selon la coppie imprimée à Paris.*
On les vend à Troyes chez Claude Garnier, demorant en la
petite Tennerie sur le premier pont. S. d.

16 pp. n. ch.
Bibl. de Troyes, Suppl. gén., p. 241.

37. — Proposition, faicte par le roy, en l'assemblée des
Estats, ouuerte en la ville de Blois, le sixies- (*sic*) iour de
Decembre, mil cinq cens soixãte seize. Ensemble l'ordre
tenue de la seance desdicts Estats. — Armes de France. —
A Troyes, Chez la vefue Nicolas Luce demeurant à la rue
Notre Dame. S. d.

15 pp. n. ch.
Bibl. nat., Le[13]. 4 A.
Au verso du dernier feuillet, marque de Nicolas Luce.
Composition typographique très défectueuse: lettres
retournées et coquilles en quantité; les pages 14 et 15 sont
transposées, etc.

1577

38. — Harengve prononcee devant le Roy, seant en ses
Estats generaux à Bloys, par Reuerend Pere en Dieu, Messire Pierre d'Epinac, Archeuesque, Comte de Lyon, Primat
des Gaules, au nom de l'Estat Ecclesiastique de France.
¶ Prononcée le Ieudy 17. iour de Ianuier. 1577. — Fleuron
elzévirien. — ¶ *Selon la copie imprimée à Paris. Et se ven-*
dent à Troyes chez Claude Garnier, demorant en la petite
Tennerie sur le premier pont, tenant sa boutique Rue nostre
dame, deuant la Croix Blanche. S. d.

28 ff. selon Corrard de Breban, *Recherches sur ... l'Im-*
primerie à Troyes, 3ᵉ éd., p. 70.
Bibl. de Troyes, Suppl. gén., p. 266. Exemplaire incomplet, n'ayant que 12 ff. n. ch.
Pierre d'Epinac passa le 14 octobre 1590 à Troyes, et le
corps de ville alla le recevoir à la porte de Croncels (Boutiot,
Histoire de Troyes, t. IV, p. 198).

39. — Proposition de la Noblesse de France faicte par

messire Claude de Bauffremont, Seigneur & Baron de Senescey, Cheualier de l'Ordre du Roy, Gentil-homme ordinaire de sa Chambre, & Enseigne de cent hommes d'Armes de ses Ordonnances soubz la charge de Mons. le Duc de Guyse, en l'assemblée generalle des Estats de ce Royaume tenuz en la ville de Blois. L'An 1577. — Grand fleuron elzévirien. — ¶ *Selon la copie imprimée à Paris. On les vend à Troyes chez Claude Garnier, en la Rue nostre Dame, deuant la Croix Blanche. S. d.*

16 pp. n. ch.

Bibl. nat., Le[13]. 11 A.

17 janvier 1577.

Claude de Bauffremont était député de la noblesse de Chalon-sur-Saône (Picot, *Histoire des États généraux*, t. II, p. 337).

40. — Advertissement très salutaire à Messieurs de Troyes et autres villes du pays.

Nicole Pithou, dans son *Histoire ecclésiastique de l'Église réformée de Troyes*, écrit à la date de 1577 : « On faisoit aussy courir de main en main par les maisons un advertissement qu'un certain personnage soy disant catholique adressoit à ceux de Troyes et autres villes du pays, pour les divertir d'entrer dans ceste ligue... » Puis il reproduit ce long plaidoyer, sous le titre qu'on vient de lire. L'auteur y compare la Ligue ou Union au cheval de Troie et met en garde les Troyens ses contemporains — ses concitoyens peut-être — contre les entreprises des Ligueurs (1).

J'ignore s'il fut imprimé et, dans le doute, ne le note ici que pour mémoire.

Un fragment très court de cet « Advertissement », le premier et le dernier feuillet d'un cahier qui devait en comporter quatorze, existe aux Archives municipales (BB, 14ᵉ carton, 1ʳᵉ liasse) ; il est accompagné et appuyé, comme dans les copies de l'*Histoire ecclésiastique*, d'une déclaration de Henry de Bourbon, prince de Condé, à la fin de laquelle est

(1) Manuscrit original à la Bibl. nat., coll. Dupuy, n° 698 (fᵒˢ 428 à 435 ou 437) ; copie de M. Ed. Bruwaert à la Société Académique de l'Aube (p. 691-704) ; copie partielle de M. Harmand à la Bibl. de Troyes, fonds Mitantier (fᵒˢ 10 à 21).

cette suscription : « Faict imprime par le cōmandement dudi Seigneur le 23 Janvier 1577. » De plus, on y lit ensuite un sonnet en vers français, sous lequel se trouvent quelques lignes relatives à l'accueil fait par le « sieur prince » aux députés des Etats et aux lettres, mémoires, etc., qu'ils apportaient.

41. — Ordonnance dv Roy svr le faict de ceux de la nouuelle opinion & leurs associez. Auec la Lettre de Monseignr le Duc de Mōtmorēcy à Mōsieur le Preuost de Paris pour faire proceder a l'exccution de ladicte Ordonnance, suiuant l'intention du Roy. — Marque de Nicolas Luce. — *A Troyes, chez la vefue Nicolas Luce. S. d.*

1 f. de titre et xiv pp. ch.

Bibl. nat., F. 46854 (6).

P. xii, grande S à fonds criblé.

L'ordonnance est du 30 janvier 1577 (v. st.), la Lettre du 7 février.

42. — De par le Roy. Nostre Amé & feal [« le Bailly de Troyes, Nogent & Pont sur Seine (Anne de Vaudrey), ou son Lieutenant »]... — *S. l. n. d.*

Pl. in-plano.

Arch. mun.

Ordonnance enjoignant à tous les membres de la noblesse, en état de porter les armes, de se tenir prêts à assister et accompagner le roi pour empêcher la venue des forces étrangères. Chenonceaux, 1er juillet 1577.

A la suite, Ordonnance du bailli fixant la réunion, pour le bailliage, à Troyes, le 16 août, au Palais royal. Juillet.

Grande N à fonds criblé.

1578

43. — Ordonnance du Roy, sur le faitc (*sic*) de la police generale de son Royaume, contenant les Articles & Reiglemens que sa Majesté veult estre inuiolablement gardez, suyuis & obseruez, tant en la ville de Paris, qu'en toutes les autres de sondict Royaume. — Armes de France. — *A Troyes, Par Iean du Ruau, auec permission.* 1578.

67 pp. ch., 4 n. ch. et 1 bl.

Bibl. de Châlons-sur-Marne, cabinet Champagne.

« Arresté au Conseil priué du Roy » le 21 novembre 1577, publié le 2 décembre à Paris et le 4 à Troyes.

P. 3, belle tête de chapitre; p. 41, S initiale ornée à fonds blanc, gravée à l'envers.

44. — Extrait du vnziésme Article des ordonnancès faictes par Monseignr de Barbezieulx... — *S. l. n. d.*

Pl. in-4º.

Arch. mun., P 1er (11).

Obligation pour les hôteliers de faire connaître les personnes qu'ils logeront. 28 avril 1578.

1580

45. Præcepta Synodalia Trecensis Diœcesis pro anno

1580. à Reuerendiss. P. D. Claudio de Bauffremont eiusdem Episcopo. — Armes de l'évêque. — *Trecis per Nicolaum Girardon ex licentia R. P. & D. Episcopi. S. d.*

26 ff. ch. — Notes marginales.

Bibl. de Troyes, Catal. loc., n°s 655 (2°) et 4941. — Reproduit dans l'*Ancienne discipline du diocèse de Troyes,* par M. l'abbé Lalore, t. II, p. 324-342.

F° 2 r°, tête de chapitre aux initiales F T (François Trumeau?), grande initiale C à fonds criblé. Petites initiales ornées, de divers types.

Le deuxième chapitre: *De Fide & Prædicatoribus verbi Dei,* se ressent des problèmes qui agitaient alors le monde chrétien. Ces statuts sont d'ailleurs un extrait des décisions du concile de Trente, dont la publication rencontra en France tant d'opposition (Abbé Lalore, *Les Synodes du diocèse de Troyes,* 1867, p. 14-15).

46. — Ordonnance faicte par novs Ioachim de Dinteville... Lieutenant general pour sa Majesté au Gouvernement de Champaigne & Brie, en l'absence de Monseigneur le Duc de Guyse, ouy Messieurs les Officiers du Roy, Maire & Escheuins de la Ville de Troyes. Sur le reiglement de la garde des Portes de ladicte Ville, & autres choses necessaires pour la seureté & conseruation d'icelle. — *S. l. n. d.*

Pl. in-fol. en deux parties collées.

Arch. mun., lay. 20, pièce 34 ; BB, 14e carton, 2e liasse ; reg. P 1er (14).

« Faict à Thenillieres (Thennelières) » le 20 janvier 1580, lue en assemblée le 5 avril, publiée le 6.

Joachim de Dinteville (1540-1607), seigneur de Dinteville et de Spoy, baron de Meurville, avait reçu ses lettres de lieutenance le 20 décembre 1579 (Hérelle, *La Réforme et la Ligue en Champagne,* t. II, p. 98).

47. — Ordonnances dv roy Henry troisieme de ce nom, Roy de Frāce & de Pologne, sur les plainctes & doleances faictes par les deputez des Estatz de son Royaume, conuoquez & assemblez en la Ville de Bloys. Publiees en la Court de Parlement, le xxv. iour de Ianvier. 1580. — Armes de France. — *A Troyes chez Claude Garnier, Imprimeur du Roy, demorant en la petite Tennerie sur le premier pont, tenant sa Boutique en la Rue nostre dame, deuant la Croix Blanche. Avec privilege. S. d.*

151 pp. n. ch.

Bibl. de la Ville de Paris, n° 550 020 (26).

Ces ordonnances sont de mai 1579.

P. 151, Sommaire du privilège du roi, accordé à Claude Garnier, le 30 janvier 1578, pour imprimer, vendre et débiter les actes officiels dans la ville et son ressort ; p. 152, armes de France.

1583

Je crois devoir admettre dans cette bibliographie les arrêts des Grands Jours tenus à Troyes de septembre à décembre 1583. Si cette juridiction n'avait pas spécialement pour objet les luttes religieuses et politiques de l'époque, les crimes et délits qu'elle jugeait étaient en grande partie la conséquence de l'état d'anarchie créé par les événements.

On me dispensera d'indiquer, quand il manquera sur le titre, le sujet des arrêts qui concernent simplement l'organisation de la justice de la Cour.

48. — *Lettres patentes dv Roy, pour tenir les Grands Iours en la ville de Troyes capitale de Champagne, en la presente année mil cinq cens quatre vingts & trois. Auec l'Arrest de la court interuenu sur lesdictes Lettres.* — Armes de France supportées par deux personnages (48 × 58). *A Troyes. Chez Claude Garnier Inprimeur du Roy, demorant en la petite Tennerie sur le premier Pont, tenant sa Boutique en la Rue nostre Dame deuant la Croix Blanche. Avec privilege de Sa Maieste. et de la Covrt. S. d.*

16 pp. n. ch.

Bibl. de Troyes, Catal. loc., n° 2327 (*) (2°) ; Bibl. nat., F. 46876 (5).

Ces Lettres patentes furent aussi imprimées à Paris par Fédéric II Morel, qui avait un privilège général d'imprimeur du roi depuis le 2 novembre 1581.

(*) Ce recueil de pièces concernant les Grands Jours de 1583 contient, en plus des imprimés décrits ci-après et dont quelques-uns sont complétés ou annotés à la main, la copie manuscrite de sept actes ayant la même origine.

Indépendamment des écussons indiqués dans les descriptions, on y trouve des têtes de chapitre (aux enfants becquetés par des oies, aux sirènes à queues enlacées, aux têtes de chiens) et des initiales ornées (L au baldaquin, au lion; S pointillée au griffon, etc.) fort utiles pour étudier les productions de la typographie troyenne.

Deux autres arrêts de la même cour en réservèrent les impressions à Claude Garnier seul, contre les prétentions de Louis de Villerval, qui s'était déjà fait octroyer une provision, et de Jean Moreau (G. Lepreux, Documenta, n°s 248 (22 septembre) et 249 (21 novembre), d'après les Arch. nat., X^IA 9189, fol. 20 et 113).

49. — ꙮ Arrest des Grands iovrs, portant defenses à tous Officiers du Roy, de prendre aucuns gages ny pensions des Prelats, Abbez, Communautez & Seigneurs du ressort desdicts Grands Iours. — Armes de France. — *A Troyes, chez Claude Garnier, Imprimeur du Roy, demorant en la rue nostre Dame, deuant la croix Blanche. Avec privilege. S. d.*

8 pp. n. ch. (la 6 et la 7 bl.).

Bibl. de Troyes, Catal. loc., n° 2327 (3°).

Arrêt daté du 10 septembre 1583.

P. 5, armes de France; p. 8, Sommaire du Priuilege du Roy.

50. — ꙮ Arrest de la Covrt des Grands Iours, seant en la Ville de Troyes. Donné le quinziesme Septembre. 1583. — Armes du n° 48. — *A Troyes. Chez Claude Garnier...* (suite comme au n° 48). *S. d.*

8 pp. n. ch.

Bibl. de Troyes, Catal. loc., n° 2327 (5°).

50 *bis.* — Cet arrêt est accompagné d'un Monitoire de l'Officialité de Troyes, lancé sur la permission qui s'y trouve contenue, ayant pour but de faire dénoncer « tous ceux qui auront commis aucuns crimes & delicts, desquelz ladicte Cour s'est réserué la cognoissance ». — *S. l. n. d.*

Feuillet oblong, pet. in-fol.

Bibl. de Troyes, Catal. loc., n° 2327 (6°).

51. — Arrestz de la Covrt des Grands Iours, seant en la

Ville de Troyes. Donnez les x. xv. & seiziesme iours de Septembre. 1583. — Armes du n° 48. — *A Troyes. Chez Claude Garnier...* (suite comme au n° 48). *S. d.*

16 pp. n. ch.
Bibl. de Troyes, Catal. loc., n° 2328 (2°).

52. — ❧ Arrest de la Covrt des Grands Iours seant en la Ville de Troyes. Donné le seiziesme iour de Septembre. 1583. — Armes de France supportées par deux anges (42 × 70). — *A Troyes. Chez Claude Garnier Imprimeur du Roy, demorant en la rue nostre Dame, deuant la croix blanche. Auec priuilege de sa Majesté, & de la Court. S. d.*

4 pp. n. ch.
Bibl. de Troyes, Catal. loc., n° 2327 (7°).

53. — Arrestz de la Covrt des Grands Iours, seant en la Ville de Troyes. Donnez les vingt & vingtdeuxiesme iour de Septembre. 1583. — Ecusson du n° 48. — *A Troyes. Chez Claude Garnier...* (suite comme au n° 48). *S. d.*

16 pp. n. ch.
Bibl. de Troyes, Catal. loc., n° 2327 (8°).

54. — ❧ Arrestz de la Covrt des Grands Iours, seant en la Ville de Troyes, Donnez les xxvj. & vingtseptiesme iours de Septembre. 1583. — Armes de France. — *A Troyes. Chez Claude Garnier, Imprimeur du Roy, demorant en la petite Tennerie, sur le premier pont. Auec priuilege de sa Majesté S. d.*

8 pp. n. ch.
Bibl. de Troyes, Catal. loc., n° 2327 (12°).
26 septembre : Défense de se promener dans les églises, de travailler et de vendre les dimanches et jours de fêtes. — 27 septembre : Recherche et poursuite des levées de vivres et d'argent faites sans le commandement du roi ou des gouverneurs ; dépôt des rôles, papiers de recettes et autres pièces justificatives de toutes les levées de deniers, des procès-verbaux dressés à leur sujet et des lettres d'assiette.

55. — ❧ Arrest de la Covrt des Grands Iours, seant en la Ville de Troyes, Sur le faict des Beneficiers. Donné le vingtseptiesme iour de Septembre. 1583. — Armes du n° 52.

— *A Troyes. Chez Claude Garnier Imprimeur du Roy, demorant en la petite Tennerie, sur le premier pont. Auec priuilege de sa Majesté, & de la Court. S. d.*

16 pp. n. ch.

Bibl. de Troyes, Catal. loc., n° 2327 (13°).

P. 16, écusson aux armes de France.

56. — ☙ Lettres patentes dv Roy, addressans à tous Lieutenants generaux, Baillifs, Seneschaux & autres officiers de sa Majesté, pour mettre à execution les prinses de corps, adiournemens personnels & autres actes de Iustice decretez par Messieurs de la Court des Grands Iours. — Armes du n° 48. — *A Troyes, chez Claude Garnier, Imprimeur du Roy. Auec priuilege de sa Majesté, & de la Court. S. d.*

8 pp. n. ch.

Bibl. de Troyes, Catal. loc., n° 2327 (17°). — Bibl. nat., F. 46876 (9).

4 octobre 1583.

P. 8, Sommaire du Priuilege du Roy.

57. — Lettres patentes dv Roy, par lesquelles il deffend le cours & mise de toutes especes d'Or, d'argent Billon & autres descriées par son Edit du mois de Septembre. 1577. Publiées en la Court des Grāds Iours, seant à Troyes, le viij. iour d'Octobre, mil cinq cens quatre vingts & trois. — Armes de France. — *A Troyes, chez Claude Garnier, Imprimeur du Roy. S. d.*

8 pp. n. ch.

Bibl. de Troyes, Catal. loc., n° 2327 (16°).

28 septembre 1583.

58. — ☙ Arrest de la Covrt des Grands Iours, seant en la Ville de Troyes. Donné le xxiiij. d'Octobre, l'An mil cinq cens quatre vingts & trois. — Armes du n° 48. — *A Troyes chez Claude Garnier Imprimeur du Roy, demorant en la Rue nostre Dame. Auec priuilege de sa Majesté. S. d.*

4 pp. n. ch.

Bibl. de Troyes, Catal. loc., n° 2327 (18°).

P. 4, Sommaire du Priuilege du Roy.

59. — ☙ Arrestz de la Covrt des Grands Iours, seant en la Ville de Troyes. Donnez les xxiiij. & xxxj.e iours d'Oc-

tobre. 1583. — Armes du n° 52. — *A Troyes. Chez Claude Garnier...* (suite comme au n° 48). *S. d.*

8 pp. n. ch.

Bibl. de Troyes, Catal. loc., n° 2328 (8°).

P. 7, armes de France ; p. 8, Sommaire du Priuilege du Roy.

60. — ❦ Arrest de la Covrt des Grands Iours, seant en la Ville de Troyes. Donné le dernier iour d'Octobre, mil cinq cens quatre vingts & trois. — Armes du n° 48. — *A Troyes. Chez Claude Garnier...* (suite comme au n° 48). *S. d.*

4 pp. n. ch.

Bibl. de Troyes, Catal. loc., n° 2327 (19°).

P. 4, armes de France.

61. — ❦ Arrest de la Covrt des Grands Iours, seant en la Ville de Troyes. Donné le huictiesme iour de Nouembre. 1583. — Armes de France. — *A Troyes. Chez Claude Garnier...* (suite comme au n° 48). *S. d.*

4 pp. n. ch.

Bibl. de Troyes, Catal. loc., n° 2327 (20°).

P. 4, armes de France.

62. — Arrestz de la Covrt des Grands Iours, seant en la Ville de Troyes. Donnez les viii. & xxvj. iours de Nouembre. 1583. — Armes du n° 48. — *A Troyes. Chez Claude Garnier...* (suite comme au n° 48). *S. d.*

8 pp. n. ch.

Bibl. de Troyes, Catal. loc., n° 2328 (9°).

P. 7, armes de France ; p. 8, Sommaire du Priuilege du Roy.

63. — ❦ Arrest de la Covrt des Grands Iovrs, seant en la Ville de Troyes. Donné le vingtsixiesme iour de Nouembre. 1583. — Armes du n° 52. — *A Troyes. Chez Claude Garnier Imprimeur du Roy, demorant en la petite Tennerie sur le premier Pont. Auec priuilege de sa Maiesté. S. d.*

3 pp. n. ch.

Bibl. de Troyes, Catal. loc., n° 2327 (21°).

64. — ❦ Arrest de la Covrt des Grands Iovrs, seant en la Ville de Troyes, sur le faict des remissions & pardons.

Donné le vingthuictiesme iour de Nouembre. 1583. — Armes
du n° 52. — *A Troyes. Chez Claude Garnier*... (suite comme
au n° 63). *S. d.*

8 pp. n. ch.
Bibl. de Troyes, Catal. loc., n° 2327 (22°).
P. 8, armes de France.

65. — ꝗ Arrest de la Covrt des Grands Iours, seant en
la Ville de Troyes, contre les Contumacez condamnez à mort.
Donné le quinziesme iour de Decembre. 1583. — Armes
du n° 48. — *A Troyes. Chez Claude Garnier*... (suite comme
au n° 48). *S. d.*

31 pp. n. ch.
Bibl. de Troyes, Catal. loc., n° 2327 (23°).
P. 29, armes de France; p. 31, Sommaire du Priuilege
du Roy.

66. — ꝗ Arrest de la Covrt des Grands Iours, seant en
la Ville de Troyes. pour l'execution des Arrestz precedens.
Donné le quinziesme iour de Decembre. 1583. — Armes du
n° 48. — *A Troyes. Chez Claude Garnier*... (suite comme
au n° 48). *S. d.*

7 pp. n. ch.
Bibl. de Troyes, Catal. loc., n° 2327 (24°).

67. — ꝗ Arrest de la Covrt des Grands Iovrs, seant en
la Ville de Troyes, sur le faict des Iusticiers. Donné le
quinziesme iour de Decembre. 1583. — Armes du n° 52.
— *A Troyes. Chez Claude Garnier*... (suite comme au
n° 63). *S. d.*

8 pp. n. ch.
Bibl. de Troyes. Catal. loc., n° 2327 (25°).

68. — ꝗ Arrest de la Covrt des Grands Iovrs, seant en
la Ville de Troyes, Sur le faict des Iusticiers, Procureurs &
Aduocats. Donné le quinziesme iour de Decembre. 1583. —
Armes du n° 48. — *A Troyes. Chez Claude Garnier*... (suite
comme au n° 48). *S. d.*

5 pp. n. ch. (la 6 et la 7 bl.).
Bibl. de Troyes, Catal. loc., n° 2327 (27°).
P. 8, armes de France.

69. — ꝗ Arrest de la Covrt des Grands Iovrs, seant en

la Ville de Troyes, portant reiglement des Officiers Aduocats
& Procureurs du Bailliage & siege Presidial dudict Troyes.
Donné le dixseptiesme iour de Decembre. 1583. — Armes
du n° 48. — *A Troyes. Chez Claude Garnier...* (suite
comme au n° 48, mais sans mention du Privilège). *S. d.*

8 pp. n. ch.
Bibl. de Troyes, Catal. loc., n° 2327 (28°).

70. — 𝔄 Arrest de la Covrt des Grands Iours, seant en
la Ville de Troyes, Sur le faict des garnisons. Donné le
dixneufiesme iour de Decembre. 1583. — Armes du n° 48.
— *A Troyes. Chez Claude Garnier...* (suite comme au n° 48).
S. d.

4 pp. n. ch.
Bibl. de Troyes, Catal. loc., n° 2327 (29°).
P. 4, armes de France.

1585

71. — Le grand et merveillevx estonnement miracvleu-
sement aduenu, au Camp des huguenots. Tiré d'vne lettre
& discours d'vn Gentilhomme, estant aux troupes de Monseigneur le Duc du Menne. Auec les regrets & complaintes
d'iceux, & protestation de ne plus porter les armes à l'encontre du Roy leur souuerain Seigneur...

Cet écrit a été primitivement imprimé à Troyes, mais on
n'en possède que le reproduction : *A Paris, pour Jean Bessault, demeurant à la ruë S. Iacques, à l'enseigne de l'Ele-
phant, Iouxte la copie imprimée à Troys*; 1585. 8 pp. (Bibl.
nat., Lb[34]. 288).

Les événements y relatés se passent près d'Angers, à une
date indéterminée.

Le duc « du Menne », ou du Maine, était le duc de
Mayenne, un des Guise (1554-1611).

72. — (Ordre et Règlement donnés par Joachim de Dinteville, lieutenant général au gouvernement de Champagne,
pour la garde de la ville de Troyes. 1er juin 1585.) — *S. l,
n. d.*

32 pp. n. ch. (les 30 et 31 bl.).
Bibl. de Troyes, Catal. loc., n° 2482 ; Arch. mun.,

layette 20, pièce 35 ; Bibl. nat., Coll. Dupuy, vol. 228, fol. 162-177.

Tête de chapitre aux enfants becquetés (Cl. Garnier, 1583) ; p. 29, publication à Troyes, 3 juin ; p. 32, armes de France.

73. — Professions de foi. 1585.

Il existe aux Archives de l'Aube, dans le fonds de l'Evêché (liasse G. 168), une quittance ainsi conçue : « Je soub siné Nicolas Girardon imprimeur dem. à Troyes confesse auoir eu et receu par les mains de monsieur le chantre Perat (Perard) la somme de un escu et demy pour l'impression des professions de foy que je livrez à monsieur le doyen de St. Estienne. Faict le 21e iour de nouembre mil cinq cens quatre-vingtz et cinq. N. Girardon. » N'était-ce pas déjà quelque serment ou déclaration d'opinion motivés par les luttes religieuses ?

1586

74. — Le vray recit et discovrs, non tel par cy devant avere, dv faict enorme et plein de blasphemes d'aucuns Soldats, aduenu en la ville de Chastillon sur Seine, 1576. contre vne Image de Sainct Anthoine, qui estoit au dessus d'vne des portes de ladicte ville. Ou l'on peult voir quelle punition diuine en ont soufferts lesdicts Soldats, à la fin de quoy est adioustée vne probation des saincts Peres & Docteurs de l'Eglise, touchant l'vsage des Images, auec vne Ode de mesme subiect a tout Chrestien sur la presente Année. — Cul-de-lampe à pendentifs. — *A Troyes. Chez Nicolas du Ruau Imprimeur*. 1586.

16 pp. n. ch.

Bibl. nat., Lk⁷. 1991.

Voir ce qui est dit de cet événement sous le n° 33.

Têtes de chapitre, initiales ornées de divers types.

P. 2, « Sonet, Au Lecteur Chrestien. », signé G. B. P. ; p. 12, « ¶ Epigramme pour sommaire du faict que dessus » ; p. 13, « ¶ Briefve probation des saincts Peres... » ; p. 14, « Ode svr le mesme discovrs à tovt bon chrestien pour

l'An present, 1586. Par G. Beudot P. Champenois » ;
p. 16, Distique latin traduit par Beudot ; Epigramme en 6
vers latins.

Beudot (1540-1610), prêtre, était de Morembert (Aube) ;
il a signé « G. Beudot P. de Morambert » et « G. Beudot
P. Morambertinus » des pièces françaises et latines insérées
à la suite d'une *Deploration dv trespas de... Diane de Lorraine, Duchesse de Piney*, par N. D. [N. Dominé] de Magni-
court (Troyes, Jean Griffard, 1585).

75. —Briéve Réponse d'un Catholique françois à l'apo-
logie ou Défense des Ligueurs, etc. — *S. l. (Troyes)*,
1586. In-8° de 29 pp.

M. E. Socard, qui mentionne cette pièce dans ses fiches,
l'attribue à François Pithou, à cause de la présence, sur le
frontispice, d'une petite vignette qui se trouve aussi à la fin
des *Lettres d'vn François* (n° 77). Je ne sais où il l'a vue
ni s'il est bien fondé à l'attribuer à Troyes. La Bibliothèque
nationale en possède deux éditions de Bordeaux et deux
sans indication de lieu, dont une de 29 pages, mais qui ne
sont certainement pas troyennes (Lb³⁴. 309 à 309 c).

Réimprimé dans les *Mémoires de la Ligue*, éd. 1758, t. I,
p. 340-354.

François Pithou, jurisconsulte, né à Troyes en 1543, y
est mort en 1621.

76. — Bulles. — *Troyes, Nicolas Girardon*, 1586.

Le 10 décembre 1586, Nicolas Girardon touchait du receveur du Clergé de Troyes une somme de cinq écus et
demi qui lui avait été allouée dans les termes suivants :
« Monsieur le Receueur nous vous prions paier et bailler à
Nicolas Girardon imprimeur la somme de cinq escus et demy
qui luy a esté taxée à la présente assemblée pour auoir imprimé tant les mémoires et instructions que bulles de notre
St Père, et rapportant la présente auec quictance dudit
Girardon vous sera ladite somme allouée sur les deniers pro-
cédans de ladite vente. Faict en l'assemblée tenue le jour-
d'huy huictiesme nouembre mil cinq cens quatre vingts et
six... » (Arch. dép., liasse G. 168.)

Est-ce la Bulle lancée par Sixte V, le 9 septembre 1585,

contre le roi de Navarre, le prince de Condé et leur postérité ?

1587

77. — Lettres d'vn François, sur certain Discours faict nagueres, pour la preseance du roy d'Hespagne. Ensemble un Traicté de la grandeur, droits, prééminences et prérogatives des Roys et du royaume de France. — (*Troyes*), 1587, avec deux paginations.

Fiche de M. E. Socard, à la Bibliothèque de Troyes. Je ne connais pas cette édition.

La *Lettre* (il n'y en a qu'une) est de François Pithou, ainsi que le *Traité de la grandeur*. L'un et l'autre ont été imprimés séparément en 1586, 1587, 1594, et insérés au t. V des *Mémoires de la Ligue*. Grosley analyse et commente la *Lettre* dans sa *Vie de Pierre Pithou*, t. II, p. 129-146. Elle est diversement datée : 9 février 1586 (éd. s. l. n. d., Bibl. de Troyes, Catal. loc., n° 4410) ; 16 février 1586 (Lelong, 1719, n° 11002, ou 1769, n° 26914) ; 9 décembre 1586 (*Mémoires de la Ligue*).

78. — Coppie dv Sermon prononce en l'eglise cathedrale de Troyes, au retour de la Procession generale, le Dimanche

trentiesme iour d'Aoust, mil cinq cens quatre vingts & sept. Par Frere Chrestofle Blaiseav gardien des Cordeliers. —

Marque de l'imprimeur. — *A Troyes, Par Denis de Viller-ual, demourant Ruë nostre Dame.*

24 pp. n. ch.

Bibl. de Troyes, Catal. loc. n°s 655 (9°) et 5098 ; Bibl. nat., D. 26138.

P. 3, Avis « Av Lectevr debonnaire », daté du 13 novembre.

Ce sermon est rempli d'allusions aux guerres religieuses de l'époque et d'anathèmes à l'adresse des Protestants. Après avoir préconisé l'union de tous les Catholiques, l'auteur déclare que tout est bon, même la guerre, contre les hérétiques et leur chef le roi de Navarre. Sémilliard (mss. 2317, t. III, p. 248) prétend qu'il réfute un sermon sanguinaire du doyen Le Tartrier (1), lequel avait pris pour texte : *Interfi-cite, interficite, interficite* : Tuez, meurtrissez, saccagez ; mais Blaiseau n'est pas plus tendre, puisqu'il demande aux rois et princes chrétiens de « seruir Dieu, & soustenir son Eglise, exterminant tous les ennemis & conspirateurs d'icelle ».

Selon une note manuscrite de l'époque, sur l'exemplaire de la Bibliothèque de Troyes, « Il y eût à l'occasion de ce sermon, le 3 septembre 1587, une assemblée du clergé chez le doyen de S. Urbain qui étoit grand vicaire de M. l'Evêque. »

Un Etienne Blaiseau, prédicateur Cordelier, fut chassé de Troyes, en juin 1588, par le cardinal de Guise, comme contraire à ses vues (Boutiot, *Histoire de Troyes*, t. IV, p. 158).

79. — Harangve svr les cavses de la gverre entreprise contre les Rebelles & seditieux du Royaume de France. Enuoyee à Monseigneur le Duc de Guyse, et à toute la Noblesse Catholique de France, ce 4. d'Octobre 1587. Par vn Euesque de l'Eglise Catholique, Apostolique & Romaine. — Fleuron. — *A Paris. Selon la copie imprimee à Troyes, pour Iean Dauphin Imprimeur. 1587. Auec Permission.*

24 pp. ch.

____

(1) Celui-là même qui fut tué, le 17 septembre 1590, en défendant la ville contre les « royaux » qui avaient réussi à y entrer momentanément.

Bibl. nat., trois éditions (Lb³⁴. 368, A et B); Bibl. de la Ville de Paris (Recueil Valençay, t. XXIV, pièce 258).

Je ne connais pas l'édition troyenne, qui apparaît ici comme étant la première.

80. — Tombeav de vertvevx et magnanime seignevr Anne de Vienne dict de Bauffremont, Marquis d'Arc en Barrois, Fils vnique de hault & puissant Seigneur Messire Antoine de Vienne dict de Bauffremont, Cheualier des deux ordres du Roy, Sieur de Listenois & Neueu de Reueréd Pere en Dieu Monseigneur l'Euesque de Troyes. — Cartouche aux armes de Bauffremont, comme au n° 45. — *A Troyes, Par Denis de Villerual.* 1587.

20 pp. n. ch.

Bibl. de M. le prince-duc de Bauffremont, à Paris.

P. 2, L'Imprimevr av Lecteur.

P. 3, Tombeav de vertueux & magnanime Seigneur Anne de Vienne dit de Beauffremont, Marquis d'Arc en Barrois, I. IACOB. Champenois. Sonnet.

P. 4, Epitaphe. (Sonnet suivi de ces mots : Viuit post funera virtus.)

P. 5, Svr le trespas de monsievr le marqvis d'Arc en Barrois. Par Pierre de Larriuey Champenois. (Pièce de 32 vers français, divisés en quatrains, suivie de 3 sonnets.)

P. 8, Ode, A Reuerend Pere en Dieu Monseigneur l'Euesque de Troyes, Oncle du defunct. Par G. Beudot Prestre, Champenois. (48 vers divisés en quatrains.)

P. 10, A la Mort. Sonet. Par le mesme. — Epicedivm. Per eundem Beudotium. ΑΙΑΤΟΡΙ. (22 vers latins.)

P. 11, In ipsivs anagramma, Manè sis natura bonus. | Annas Bavfremontivs. — Tetrastichon. (4 vers latins.) — Vigil sum leto Budeus | Gvlielmvs Bevdotivs.

P. 12, De congressv Gallorvm cū hereticis in quo cecidit vir nobilis Annas de Bauffremont die 26. Octobris 1587. (Poème latin signé p. 18 : N. Dominevs Magnicurianus.)

P. 19, Eivsdem epitaphivm. (8 vers latins.) — Eivsdem Dominei. Distichon. (2 vers latins.) — Obijt ille die supra-dicto, sepultusq, est apud suos in Arcu-Barro, mense Nouembri ætatis suæ annū circiter trigesimum.

P. 20, marque du frontispice.

Anne de Vienne était mort dans un combat engagé à

Vimory (Loiret), en octobre 1587, entre les Réformés, commandés par le baron de Donau, et Henri le Balafré, duc de Guise, chef des forces catholiques. Né en 1558, il avait épousé à Nully (Haute-Marne), le 18 juin 1587, Marie d'Orgemont, qui mourut le 8 août suivant et dont le tombeau existe encore dans l'église de Nully.

Donau : Fabien, chef de reîtres, de la famille des burgraves de Dhona, en Prusse, 1550-1621. (Hérelle, *Mémoire des choses plus notables advenues en la province de Champagne*, p. 27.)

Je ne sais rien du sonnettiste I. Iacob, sinon qu'il est dit « I. Iacob. Arith. » dans la *Deploration dv trespas de… Diane de Lorraine* (1585), non plus que du « N. Dominevs Magnicurianus » dont on rencontre déjà une pièce française dans les annotations du n° 74 ; quant au chanoine-dramaturge Pierre de Larrivey, il est suffisamment connu,… en attendant les nouvelles clartés qui se préparent sur lui et sur sa famille.

La date du combat de Vimory n'est pas fixée : le présent opuscule dit 26 octobre ; M. Bruwaert (*Mémoires de Jacques Carorguy*, p. 10), 26 ou 27 octobre ; De Thou (*Histoire universelle*), Lalanne (*Dictionnaire historique*) et Hérelle (*Mémoire…*, p. 233), v kal. ix br. ou 28 octobre ; enfin, L'Estoile (*Mémoires*, éd. Cologne, 1719, t. 1, p. 229), jeudi 29 octobre ; mais le 29 octobre 1587 était un dimanche, et le jeudi nous ramènerait au 26…

1588

81. — Histoire tragique et memorable, de Pierre de Gaverston Gentil-homme Gascon jadis le mignon d'Edoüard 2. Roy d'Angleterre, tirée des Chroniques de Thomas Walsinghan, & tournée de Latin en François. Dediée à Monseigneur le Duc d'Espernon. M.D.LXXXVIII.

12 pp. lim. n. ch. et 52 pp. ch.

Bibl. nat., La[25]. 24 ; Bibl. de Troyes, Catal. Histoire, n° 4911, t. II (12°).

Cette satire, œuvre de Jean Boucher, curé de Saint-Benoît, fut dit-on publiée par les soins de Pierre d'Epinac, archevêque de Rouen. Il en existe cinq éditions à la Bibl. nat. (Lb^{34}. 440 à 440 D), sans nom d'imprimeur ou d'éditeur. Elle a donné lieu à toute une série de réfutations, de réponses, de lettres, etc.

J'ai indiqué plus haut (p. 9-10) mes doutes sur son impression à Troyes. Inutile d'y revenir.

82. — De l'esmotion & tumulte faict à Paris, le Ieudy douziesme iour du mois de May. Le tout assoupy par Monseigneur le Duc de Guyse. — *A Troyes, Pour Christoffle Lambert.* 1588. *Auec permission.*

16 pp. n. ch.

Bibl. nat., Lb^{34}. 457 ; Bibl. Ville de Paris, n° 550221.

Les deux derniers feuillets sont occupés par : Quatre Sonetz au Roy.

Avait paru à Paris sous un titre un peu différent (Bibl. nat., Lb^{34}. 456).

Voir la *Lettre du Roi* écrite sur le même sujet (n° 89).

83. — Responce dv Roy, svr la requeste presentée à sa Majesté, par Messieurs les Cardinaux, Princes Seigneurs, & des deputez de la Ville de Paris, & autres villes Catholiques, associez & vnis pour la deffence de la Religion Catholique, Apostolique, & Romaine. — Armes de France et de Pologne. — *A Troyes.* ¶ *Selon la copie imprimée à Paris.* 1588.

8 pp. n. ch.

Bibl. nat., La^{25}. 24 (5).

Chartres, 28 mai 1588.

P. 2, grande M à fonds criblé, de Jean Moreau.

84. — Au Roy. Sire, Les habitans de Paris, & autres villes de l'vnion... — *S. l. n. d.*

Pl. in-plano.

Arch. mun., layette 20 ; reg. P. 1er (16).

Grande S et L goth. à fonds criblé, de Jean Moreau.

Vœu pour la prompte tenue des Etats généraux et le maintien de la religion catholique.

A la suite : Responces aux seconds Articles, presentez par les deputez ensemblement, des Villes qui ont esté enuoyez à Paris, au conseil du Roy, la Royne sa Mere y estant (14 juillet 1588).

85. — Seconde lettre missive envoyee de la ville dv Mans par vn homme d'honneur & digne de foy, en dacte du dixhuictiesme Iuillet 1588. à vn sien amy demeurant à Paris. Contenant les crvavtez exercées par les trouppes d'Espernon & de Iarsay, au pays du Mayne. Le tout bien aueré comme il appert par les informations faictes sur les lieux. — Cul-de-lampe de la *Forme dv serment*. — *A Troyes. Selon la copie Imprimée à Paris, par Guillaume Bichon. M.D.LXXXVIII.*

14 pp. n. ch.

Bibl. nat., Lb²⁵. 24 (4).

P. 3, grande M à fonds criblé, de Jean Moreau.

De Iarsay: Est-ce René du Plessis, qui devint seigneur de Jarzé en Anjou par son mariage avec Renée de Bourré (La Chenaye-Desbois)?

86. — Edict dv Roy svr l'vnion df (*sic*) ses svbiects Catholiques. Verifié en la Court du Parlement, le vingt-vniesme iour de Iuillet, 1588. — Armes de France et de Pologne. — *A Troyes. De l'Imprimerie de Iean Moreau.* M.D.LXXXVIII.

16 pp. n. ch.

Bibl. nat., La²⁵. 24 (2).

Rouen, juillet 1588 (11 juillet, selon les *Mémoires pour l'Histoire de France*, de Pierre de L'Estoile).

P. 2, bandeau gothique, à branches entrelacées.

P. 14, enregistrement au Parlement; p. 15, Ordonnance du Roi pour la publication; p. 16, publication à Paris. Tous ces actes du 21 juillet.

87. — Profession de foi du 19 août 1588.

Cette formule, qui fut imprimée en placard et signée par les habitants de Troyes, est rapportée par Nicole Pithou (*Histoire ecclésiastique*) et reproduite par Th. Boutiot (*Histoire de Troyes*, t. IV, p. 161-162). Je n'en connais pas d'exemplaire (1).

(1) Nombre de papiers du temps de la Ligue ont été détruits lorsque les villes furent rentrées dans le devoir. A Troyes, exagérant peut-être les prescriptions de l'arrêt du Parlement du

88. — La Harangue faicte par le roy Henry troisiesme de France & de Polongne, à l'ouuerture de l'assemblée des trois Estats generaux de son Royaume, en sa Ville de Bloys, le seiziesme iour d'Octobre, 1588. — Armes de France et de Pologne. — *A Troyes.* ¶ *De l'Imprimerie de Iean Moreau, Imprimeur du Roy.* M.D.LXXXVIII.

32 pp. n. ch.

Bibl. nat., La²⁵. 24 (7).

P. 31, Sonnet de Claude Binet, lieutenant à Riom ; p. 32, autre Sonnet.

89. — Lettre du Roy... et Mandement de Monsieur l'euesque... — *Troyes,* 1588.

« Monsieur le Recepueur, déliurez à Nicolas Girardon imprimeur de Troyes la somme de deux escus sol pour auoir imprimé les lettres du Roy et mandement de Monsieur l'euesque pour enuoyer par tout ce dioceze... Faict à Troyes le xx octobre 1588. » Suit la quittance, du même jour. (Arch. de l'Aube, Comptes du Clergé de Troyes, liasse G. 168.)

J'ignore de quelle lettre il s'agit. Peut-être la *Lettre du roy sur l'esmotion advenue à Paris* (Chartres, mai 1588), qui « fut adressée par Henri III aux gouverneurs des principales villes du royaume et imprimée la même année » (*Archives curieuses*, t. XI, p. 443-448). La Bibl. nat. en possède des éditions du Mans et de Poitiers (Lb³⁴. 461, 462).

90. — La Harangue faicte par Monseigneur l'Archeuesque de Bourges, esleu & deputé par l'assemblée du Clergé vers le Roy, contenant la misere & calamité de son pauure peuple. Prononcée à Blois deuant sa Majesté, le vingt-cinquiesme

30 mars 1594, qui annule tous les arrêts, décrets, ordonnances et autres actes de la Ligue (*Recueil général des anciennes lois françaises,* t. XV, p. 85), on fit faire, le 15 avril, l'ouverture du trésor, on rechercha les feuilles des registres où les habitants avaient signé le serment, « ensemble les papiers de ce qui avoit été fait pendant et à cause des troubles, et le tout fut lacéré, rompu et brûlé, en présence du Corps de ville, des capitaines des compagnies et de la foule » (Boutiot, *Histoire de Troyes,* t. IV, p. 162 et 240).

Nouembre, 1588. — Armes de France et de Pologne. — *A Troyes.* ¶ *De l'Imprimerie de Iean Moreau, Imprimeur du Roy. S. d.*

20 pp. n. ch.

Ma collection ; Bibl. nat., La²⁵. 24 (6), exemplaire incomplet de la feuille G.

C'est de cette pièce que sont tirées la tête de chapitre et l'S initiale reproduites pages 15 et 16.

L'évêque de Bourges, en 1588, était Renaud II de Beaune de Semblançay (1580-1602).

91. — Complainte a tous estatz de France cruellement brigandés et tyrannisés par les cruels bourreaux et sanguinaires le Cardinal de Lorraine, et son frère le duc de Guyse, deux brigans non seulement de corps et bien, mais (qui est plus lamentable) des pauures ames. — *S. l. n. d.*

Attribuée à la typographie troyenne par Alexis Socard, dans ses notes (Bibl. de Troyes, ms. 2897), et citée par Bouillé dans son *Histoire des Guise*, t. II, p. 28 et autres.

Je ne l'ai rencontrée nulle part.

Cette pièce étant sans date, je la mets à l'époque de la mort des deux frères (23 et 24 décembre 1588), dont elle semble être un avant-coureur ou un essai de justification.

1589

92. — Reqveste presentee a Messieurs de la Court de Parlement de Paris, par Madame la Duchesse de Guyse. Pour informer du massacre & assassinat commis en la personne de feu Monseigneur le Duc de Guise. — Cul-de-lampe de la *Forme dv serment.* — *A Troyes. De l'Imprimerie de Iean Moreau, Selon la coppie Imprimee à Paris.* — M.D.LXXXIX.

8 pp. n. ch.

Bibl. nat., La²⁵. 24 (10).

Signé par « Catherine de Cleves », femme d'Henri de Guise, dit le Balafré, belle-sœur du cardinal Louis de Lorraine.

93. — De par les Maire, et Eschevins de la ville de Troyes. Comme nous ayons esté deuëment certifiez... Publié à Troyes le (en blanc) iour de (en blanc) mil cinq cens quatre vingts et neuf. — *S. l. n. d.*

In-8 oblong; 19 longues lignes formant un placard d'environ 11 cm. 1/2 sur 21.

Bibl. nat., La²⁵. 6, fol. 1 v° (Recueil de pièces et gravures composé par Pierre de L'Estoile).

« Deffenses... à tous habitans, & tous autres, à peine de la vie, d'estre tenus comme suspects, sectateurs, fauteurs & adherans des massacres, assasignats, et trahisons nagueres commises et perpetrees aux Estats de Blois, d'vser de propos tendans... à nous desvnir, & desgoutter d'embrasser cette cause [celle de la Religion catholique, de la Ligue], qui importe du tout à nous & à notre posterité. »

94. — Declaration, et resolvtion de par les Maire et Eschevins de la Ville, & Cité de Troyes. Le Roy par ses lettres du vingt-quatriesme iour de Decembre... Publié audit Troyes,... le (en blanc) iour de (en blanc) mil cinq cens quatre-vingts & neuf. — *S. l. n. d.*

In-8° oblong; 20 longues lignes formant un placard d'environ 12 cm. 1/2 sur 21.

Bibl. nat., La²⁵. 6, fol. xxiv.

« ... Les habitants de la ville de Troyes ayant ivré l'Vnion, auec, & en presence de Monseigneur le Duc de Mayenne,... se sont resoluz de prendre les armes pour la manutention de la Religion catholique, Apostolique, & Romaine, se deliberant d'y exposer leurs corps & leurs biens. A quoy ils excitent tous & chascuns les bons gentils-hommes... de ceste Prouince... Declarant ceux qui prendrõt party contraire, ennemis, & traistres à Dieu et à la patrie... »

Cette déclaration, ainsi que l'ordonnance qui suit, doit être consécutive au serment fait, en janvier 1589, entre les mains du duc de Mayenne.

95. — Advis et resolvtion de la Facvlté de Theologie de Paris. — *S. l.,* M. D. LXXXIX.

8 pp. ch.

Bibl. nat., La²⁵. 24 (9).

SIGNES MER-
VEILLEVX APARVZ

sur la ville & Chasteau de Blois, en
la presence du Roy, & l'assistance
du peuple. Ensemble les signes &
Comette aparuz pres Paris, le douziesme de Ianuier, 1 5 8 9. comme
voyez par ce present portraict.

M. D. LXXXIX.

« ... la Sorbonne, consultée sur la question de savoir si
les sujets de Henri III pouvaient prendre les armes contre
lui,... déclare le monarque déchu de ses droits, pour avoir
méconnu ceux de la représentation nationale à Blois... »
(*Archives curieuses*, en tête de la reproduction de cette pièce,
t. XII, pp. 349-353). — 7 janvier 1589.
Impression troyenne, de Jean Moreau.

96. — **Signes merveillevx aparvz** sur la ville &
Chasteau de Blois, en la presence du Roy, & l'assistance
du peuple. Ensemble les signes & Comette aparuz pres
Paris, le douziesme de Ianuier, 1589. comme voyez par ce
present portraict. — Bois gravé. — *S. l.*, M. D. LXXXIX.
11 pp. n. ch.
Bibl. nat., La²⁵. 24 (3).
P. 10, tête de chapitre en vignettes, absolument la même
qui se trouve à la page 3 de la *Forme dv serment*, de Jean
Moreau ; au verso du dernier feuillet, bois du titre.

97. — Advertissement en forme de responce d'vn gentil-
homme poictevin. A. F. D. L. Pair de France. *Non relin-
quet dominus virgam peccatorum, super sortem iustorum, &c.*
Psalme. 124. — *A Lengres, De l'Imprimerie de M. Iean
Tabourot, demourant pres la grande Eglise. S. d.*
36 pp. n. ch.
Bibl. nat., La²⁵. 24 (8), Lb³⁴. 644.
P. 3, tête en vignettes et M initiale reproduites p. 17, où
j'ai démontré que cette pièce a été imprimée à Troyes, par
Jean Moreau ; p. 36, signé : « Ce quinziéme Ianuier, mil
cinq cens quatre-vingt et neuf... Francus Valerius Publi-
cola. »
Un Jean Tabourot, oncle d'Etienne Tabourot des Accords,
était alors chanoine et official de Langres ; il mourut en
1595, âgé de 76 ans, laissant quelques œuvres littéraires
(Papillon, *Bibl. des auteurs de Bourgogne*, t. II, p. 303).
C'est peut-être lui qu'on donne comme imprimeur ici et
sous le n° 115.

98. — **Arrest de la covrt sovveraine** des Pairs de
France, donnez contre les meurtriers & assassinateurs de

Messieurs les Cardinal & Duc de Guyse. — Culs-de-lampe de la *Forme dv serment.* — *S. l.,* M.D.LXXXIX.

16 pp. n. ch.

Bibl. nat., La^{25}. 24 (11).

31 janvier 1589.

P. 2, belle tête de chapitre de Jean Moreau; p. 12, Extrait des Registres de Parlement. 31 janvier 1589; p. 13, Extrait des Registres de Parlement. 1er février 1589.

99. — De par Messieurs les Maire & Escheuins de la Ville de Troyes. — *S. l. n. d.*

Pl. in-plano.

Arch. mun., P. 1er (17).

Défenses de blasphémer, de tirer des coups de feu sans nécessité, de favoriser les ennemis, de détériorer les fortifications. 7 avril 1589.

Le gland qui commence la première ligne appartient à Jean Moreau; initiale D à fonds criblé, du même.

100. — Reglement general povr remedier avx desordres aduenuz à l'occasion des troubles presens, attendant l'assemble (*sic*) generale des Estats du Royaume. Publié en la Cour de Parlement, le 20. Auril, 1589. — Fleuron elzévirien. — *A Troyes, Par Nicolas Girardon : en la Ruë nostre Dame. Iouxte la Copie Imprimée à Paris,* M.D.LXXXIX. — *Avec Privilege.*

32 pp. ch., les trois dernières en petit texte.

Bibl. nat., Lb^{34}. 732 b.

6 avril 1789.

P. 3, Mandement du duc de Mayenne pour la publication de ce Règlement. 7 avril.

101. — Reglement general povr remedier aux desordres aduenuz à l'occasion des troubles presens, attendant l'assemblée generale des Estats de ce Royaume. Publié en la Cour de Parlement, le 20. Auril. 1589. — Culs-de-lampe de la *Forme dv serment.* — *A Troyes. De l'Imprimerie de Iean Moreau. Imprimeur de la Saincte Vnion.* 1589. *Avec Permission.*

40 pp. n. ch.

Bibl. nat., La^{25}. 24 (12).

6 avril 1589.

P. 3, Mandement du duc de Mayenne pour la publication. 7 avril; p. 39, Ordonnance par « Philippe Dever », lieutenant général au bailliage de Troyes, de faire publier le Règlement. 16 mai 1589.

Sur Philippe de Vert, voir une note des *Mémoires* de Nicolas Dare, publiés par la Société académique de l'Aube (*Documents inédits*, t. III, p. 74-75).

102. — Discours de deux belles deffaictes des ennemis executees en Champagne et Bourgongne, Par les sieurs de Hautefort, de Feruaques, de Gionuelle, et autres Capitaines, le 23. iour d'Auril, 1589. — *Paris, N. Nivelle et Rolin Thierry*, 1589. In-8°.

Bibl. nat., Lb^{34}. 735, 735 A.

Édition *s. l.* : Bibl. de Troyes, Catal. loc., n° 1834.

Le 22 avril 1589, M. de Hautefort, ligueur, avait attaqué Chappes, appartenant au duc d'Aumont; le 23, il débloquait Méry que Claude de la Croix, baron de Plancy, et Saultour assiégeaient avec des forces considérables. Le second fait est la délivrance de « Doulevant en Bourgogne » (Doulevant-le-Château, Haute-Marne, en Champagne), entouré par les sieurs de Fervaques, de Guyonvelle, Belleguise et Montigny, avec le régiment du baron de Vitteaux; les ennemis, poursuivis jusqu'à Beaufort, Lentilles et Villeret, furent défaits et contraints de se réfugier au château de Pougy, appartenant à François de Luxembourg. Tel est, du moins, le récit contenu dans cet opuscule que l'*Histoire* de J.-A. de Thou dit être une fourberie de la duchesse de Montpensier (t. X, p. 599).

Edme ou Edmond de Hautefort, sieur de Thénon, gouverneur du Limousin, lieutenant général en Auvergne, puis en Champagne pour la Ligue (janvier 1589); tué le 12 juillet suivant en défendant Pontoise contre Henri IV (H. Le Charpentier, *La Ligue à Pontoise*, p. 72 et 87). — M. A. Prévost (*La Ligue*, p. 332) le dit gouverneur de Chaumont (?).

Guillaume de Hautemer, seigneur de Fervacques, comte de Grancey, ligueur; se rallia à Henri IV, devint maréchal en 1595 et mourut le 7 juin 1613 (Ed. de Barthélemy).

Philippe d'Anglure, seigneur de Guyonvelle, bailli de

Chaumont, fut lieutenant général de la Ligue en Bassigny de 1589 à 1594.

François des Essarts, seigneur de Sautour et de Sormery, etc., écuyer d'écurie du roi et son lieutenant en Champagne, royaliste militant ; fait prisonnier à Montiéramey en mars 1590 (voir plus loin) et amené à Troyes, il y fut massacré le 17 septembre suivant, avec 36 autres détenus royalistes, en manière de représailles de l'attaque avortée des royalistes contre Troyes, connue sous le nom de *Journée de la Saint-Lambert* (voir aussi plus loin, n° 164). — M. Ed. Bruwaert (*Mémoires* de Jacques Carorguy, p. 23) le nomme Nicolas (?).

Belleguise : ce serait Louis de Belle-Guise ou Belguise, seigneur d'Engente, d'Arentières et de Vougrey en partie (Arch. Aube, E. 684, 687). — Un Oger de Belleguise, seigneur des mêmes lieux, passa contrat de mariage avec Jeanne d'Auxi le 25 juin 1574 (Arch. Aube, E. 656). Le sieur de Belleguise possédait aussi Beurville en 1589 (Hérelle, *op. cit.*, t. II, p. 274, d'après Bibl. nat., mss. f. franç. 3556, f° 133).

Montigny : Jacques de Montigny (A. Prévost, *op. cit.*, p. 338).

Le baron de Vitteaux n'était pas alors Guillaume Duprat, « fameux par son zèle fanatique pour la ligue et par ses duels », que Courtépée présente comme ayant traité avec Henri IV le 11 juillet 1595 (*Description du duché de Bourgogne,* 2e éd , t. III, p. 531), car il avait été tué en duel à Paris, le 7 août 1583, par Yves d'Alègre, baron de Millaut, dont il avait lui-même en 1571 tué le père Antoine d'Alègre, son propre cousin ; il avait eu pour successeur son neveu Antoine Duprat, descendant du chancelier du même nom et « plus terrible que son oncle », me dit M. J. Durandeau en me signalant cette erreur. Les *Mémoires* de P. de l'Estoile parlent à diverses reprises de ces remuants personnages (éd. Cologne, 1719, t. I, p. 28, 29, 58, 68, 80, 85, 165, 256) ; voir aussi La Chenaye-Desbois et Badier, *Dictionnaire de la Noblesse,* au mot Du Prat.

La ville de Méry-sur-Seine, qui fut reprise par le roi en avril 1590, subit encore, en octobre et en décembre 1615, deux sièges dont le dernier est relaté par des impressions contemporaines : *La Prise et capitulation de la ville de Mery svr Seyne. Avec la Deffaite dv sieur de Poitrincourt, & sa mort...* (Paris, Abraham Saugrain, 1615); *La reprise de la ville de Mery Sur Seine, sur Mr le Prince [de Condé], par les Sieurs Marquis de la Vieville, d'Andelot et Poitrincour* [5 décembre 1615] (Paris, P. des Hayes, 1615).

103. — La deffaicte des trovppes ennemies, conduites par le sieur de Saultour, pres Mery. Par Monsieur de Haultefort, Lieutenant General en Champaigne & Brye. — Culs-de-lampe de la *Forme dv Serment*. — ¶ *Imprimé a Chaallons, par Nicolas du Bois. M.D.LXXXIX.*

15 pp. n. ch.

Bibl. nat., La^{25}. 24 (17).

Autre récit des faits exposés dans le numéro précédent.

P. 3, belle tête de Jean Moreau et grand A à fonds criblé.

104. — Declaration de monsieur de la Chastre, aux habitans de la Ville de Bourges, le 24. iour d'Auril. — Culs-de-lampe de la *Forme dv Serment*. — *A Paris. Chez Didier Millot, demeurant pres la porte Sainct Iaques. M.D.LXXXIX.*

8 pp. n. ch.

Bibl. nat., La^{25}. 24 (15).

P. 2, belle tête de chapitre de Jean Moreau.

M. de La Chastre était Claude, baron de Maisonfort, gouverneur de Berry, fait maréchal de France par Mayenne en 1593, confirmé par Henri IV (1536 env.-1614).

105. — La victoire obtenve par monseigneur le Duc de Mayenne, Lieutenant General de l'Estat Royal, & Couronne de France. Contenant, outre le nombre des Morts & Prisonniers, combien d'Enseignes des ennemis de Dieu, & du repos public, ont esté par luy nouuellement conquises. — Vignettes. — *A Troyes. De l'Imprimerie de Iean Moreau. 1589. Auec permission.*

15 p. n. ch.

Bibl. nat., La^{25}. 24 (14).

Les faits relatés dans cet opuscule sont un combat qui eut lieu le 26 avril 1589, contre le comte de Soissons, à trois lieues de Vendôme, au-dessus de Château-Renault; un autre le même jour, près Montoire, contre le comte de Brienne, et l'investissement, le lendemain, du château de

Saint-Ouyn, appartenant à Molan, situé à sept lieues de Tours et qui se rendit le 28.

P. 15, Sonet avx François Catholiques.

Charles de Bourbon, comte de Soissons (1566-1612).

Charles II de Luxembourg, comte de Brienne.

Pierre Molan, trésorier de l'Epargne, avait amassé de grandes richesses dont l'Union le débarrassa au moins en partie; il mourut en 1607 (*Mém. pour l'Histoire de France,* par P. de L'Estoile, éd. 1718, t. I, p. 274; t. II, p. 245).

106. — Action de graces à Dieu, pour les beaux exploicts faicts à sainct Ouyn, pres la Ville de Tours, par Monseigneur le Duc de Mayenne, ou plusieurs Enseignes que le Conte de Brienne menoit furent défaictes, & plusieurs aultres Gentils-hommes de marque, & grand nombre de pri-

sonniers prins. — Personnage à genoux devant un crucifix. — *A Troyes, De l'Imprimerie de Iean Moreau.* 1589. *Auec permission.*

8 pp. n. ch.

Bibl. nat., La.^{25} 24 (20), Lb^{34}. 760 A.

P. 8, Sonet a Monseignevr le Dvc de Mayenne.

Même objet que la pièce précédente.

107. — De par Monsieur le Bailly de Troyes, ou son Lieutenant... — *S. l. n. d.*

Pl. in-plano.

Arch. mun., lay. 20 ; AA, imprimés, 3ᵉ liasse ; BB, 14ᵉ carton, 2ᵉ liasse.

Ordonnance pour la police de la ville, contre « plusieurs qui se licentioient à l'infini ». 27 avril 1589.

Grande S initiale à fonds criblé, de Jean Moreau.

Le bailli au nom de qui fut publiée cette ordonnance ne doit pas être Georges de Vaudrey, successeur de son père Anne, mais Olivier de la Roère ou Rouère, gouverneur et bailli pour la Ligue. Elle est signée par Philippe de Vert, lieutenant général, et Claude Pinette, procureur du roi, deux noms qui cependant jurent d'être accouplés, car le premier était un ligueur militant et le second tellement suspect de royalisme qu'il avait été déjà expulsé comme tel en juin 1588, et, revenu, fut arrêté lors de la tentative d'attaque de la ville du 12 juin 1589 et obligé de s'expatrier jusqu'en 1594 (Boutiot, *Hist. de Troyes,* t. IV).

108. — Advertissement avx catholiques, sur la Bulle de nostre Sainct Pere, touchant l'excommunication de Henry de Valois. Auec plusieurs exemples des punitions estranges & merveilleux iugements de Dieu, sur les excommuniez... *Non ero vltra...* — A Troyes. Par Iean Moreau, M. Imprimeur. M.D.LXXXIX. — *Avec Permission.*

40 pp. n. ch.

Bibl. nat., La²⁵. 24 (21).

La Bulle visée est celle du 5 mai 1589. Voir notre n° 117.

La *Bibliothèque champenoise* de Techener date par erreur cette pièce de 1580.

109. — La novvelle deffaite obtenve sur les trouppes de Henry de Valois, dãs les faux-bourgs de Tours. le huictiesme iour de May, mil cinq cens quatre-vingt & neuf. Par Monseigneur le Duc de Mayenne, Pair, & Lieutenant general de l'Estat & Couronne de France. — Culs-de-lampe de la *Forme dv Serment.* — A Troyes, *De l'Imprimerie de Iean Moreau, Imprimeur de la saincte Vnion,* 1589. *Avec Permission.*

14 pp. ch.

Bibl. nat., La²⁵. 24 (16).

Mayenne enleva cette nuit-là le faubourg Saint-Symphorien de Tours.

110. — Discovrs veritable de la prise du Comte de Soissons, auec la deffaicte de ses trouppes & celles de Lauerdin. Par Monseigneur le Duc de Mercueur. — Vignettes. — *A Troyes. De l'Imprimerie de Iean Moreau, pres Nostre Dame.* — M.D.LXXXIX.

16 pp. ch.

Bibl. nat., La²⁵. 24 (19).

29 mai 1589. A Château-Giron, à trois lieues de Rennes. Voir l'article suivant.

Laverdin : Jean de Beaumanoir, sieur de Laverdin ou Lavardin, d'abord ligueur, rallié à Henri IV, puis du tiersparti ; il est mort maréchal de France.

Mercœur : Philippe-Emmanuel de Lorraine, duc de Mercœur, gouverneur de Bretagne, frère de la reine (1558-1602).

111. — Discovrs veritable de la prise du Comte de Soissons, avec la deffaicte de ses trouppes & celles de Lauardin. Par Monseigneur le Duc de Mercueur. — Fleuron elzévirien. — *A Troyes, Par Nicolas Girardon en la Ruë nostre Dame. Iouxte la Coppie Imprimée a Paris.* M. D. LXXXIX. — *Auec Permission.*

16 pp. ch.

Bibl. nat., Lb³⁴. 774 A.

Editions : Paris, Nic. Nivelle et Rolin Thierry, lib. et imp. de la Saincte Vnion (Bibl. nat., Lb³⁴. 774); Troyes, Jean Moreau (article précédent).

112. — Forme dv serment qv'il conuient faire par tout ce Royaume, pour l'entreténement de la Saincte Vnion, suyuant l'Edict & Arrest sur ce interuenu par ladicte Cour. Auec l'Arrest de ladicte Cour sur ce donné le premier iour de Mars, 1589. — Culs-de-lampe. — *A Troyes. De l'Imprimerie de Iean Moreau, Imprimeur de la saincte Vnion.* 1589. *Auec Permission.*

8 pp. ch. — Le titre en a été reproduit ci-dessus, page 13.

Bibl. de l'auteur.

P. 6, Extraict des Registres de Parlement (ordonnant de faire procéder à la prestation dudit serment). 1ᵉʳ mars 1589.

P. 8, Lecture et publication à Troyes de l'arrêt précédent. 29 mai 1589.

Jean Moreau en a aussi donné l'édition suivante.

113. — ✤✤ Forme dv serment... interuenu par la Cour... — Vignettes. — *A Troyes. De l'Imprimerie de Iean Moreau, pres Nostre Dame.* — M.D.LXXXIX.

8 pp. ch.

Bibl. nat., La²⁵. 24 (13).

Autre édition que le numéro précédent.

La *Forme dv serment* fut imprimée à Paris et à Lyon (Bibl. nat., Lb³⁴. 678-680).

114. — La Victoire dv Roy Catholique, contre l'Anglois en Espagne. Contenant la deffaicte de quinze mil hommes, & de quarante Nauires des plus grandes. Suyuant les Memoires qu'en à receu l'Illustrissime Ambassadeur d'Espagne Don Bernardin Mendoza. *In spiritu vehementi conteres naues Tharsis.* Psal. 47. — *A Troyes. Par Iean Moreau M. Imprimeur, pres Nostre Dame.* M.D.LXXXIX. — *Auec Priuilege du Roy.*

16 pp. n. ch.

Bibl. nat., La²⁵. 24 (25); Bibl. de Troyes, Catal. loc., n° 5028.

Mai-juin 1589.

115. — Responce de Domp Bernard Doyen de l'Oratoire de Sainct Bernard des Feuillans lez Paris, à vne lettre à luy escrite & enuoyee par Henry de Valois. — Iesvs ✠ Maria. — *A Lengres, De l'Imprimerie de M. Iean Tabourot, demourant deuant la grande Eglise.*

39 pp. n. ch.

Bibl. nat., La²⁵. 24 (22).

2 juin 1589.

P. 3, Belle tête de chapitre de Jean Moreau et petite M initiale du même.

Éditions parisiennes : N. Nivelle et Rolin Thierry, G. Bichon (Bibl. nat., Lb³⁴. 775, 775 A, 776).

Bernard de Persin de Montgaillard, Feuillant, grand ligueur (*Mémoires* de L'Estoile).

116. — La Trahison descouverte des Politiques de la ville de Troyes en Champaigne. Auec les noms des Capitaines et Politiques, qui auoient conspiré contre la Saincte Union des Catholiques. — *A Paris, Denis Binet et Anthoine du Brueil. Avec permission.*

Bibl. nat., Lb³⁴. 780, 780 A (deux éditions); Bibl. de Châlons.

Autre édition : *A Paris, pour Denis Binet, M.D.LXXXIX.* 13 pp. (Bibl. de Troyes, Suppl. gén., p. 622; Bibl. nat., Coll. de Champagne).

Récit d'une tentative faite par les royalistes, le 12 juin 1589, pour soustraire la ville de Troyes à la domination de la Ligue.

Ce titre, *La Trahison descouverte,* a servi pour plusieurs villes : Bologne, Poitiers, Pontoise, Rouen, Troyes. — Voir le n° 166.

Reproduit dans la *Revue de Champagne et Brie,* 1889, p. 235-237.

117. — Bvlle de N. S. P. Pape Sixte V. contre Henry de Valois.. — Monogramme I H S, entouré de la couronne d'épines, dans une gloire, et accompagné de tous les instruments de la Passion. — *A Troyes. De l'Imprimerie de Iean Moreau, Libraire & Imprimeur de la saincte Vnion. — M.D.LXXXIX. Avec Privilege.*

24 pp. n. ch.

Bibl. nat., La²⁵. 24 (18); Bibl. de Troyes, Coll. Milantier, F. 7. 85/108.

5 mai 1589.

P. 20, Acte de la pvblication faicte à Meaux de ladicte Bulle. 23 juin 1589.

P. 24, Extraict du Priuilege (donné par « Messieurs du Conseil general de la saincte Vnion des Catholiques : A Iean Moreau, Libraire & Imprimeur... »). Il est reproduit au début de cet article (p. 12).

118. — Responce dv menv pevple a la declaration de Henry, par la grace de Dieu, autant Roy de France que de Polongne, semee ces iours passez par les politiques de Paris. M.D.LXXXIX.

8 pp. n. ch.

Bibl. nat., La²⁵. 24 (26).

3o juin 1589.

P. 2, têtes en vignettes de la *Forme dv serment*, de Jean Moreau ; initiale S gothique.

119. — ▨ Discovrs veritable de la deffaicte obtenuë sur les troupes des politiques & heretiques du pays & Duché de Berry, ce present mois d'Aoust. Ensemble le nōbre des morts & prisonniers, par le sieur de Neufuiz le Barrois, commandant audit pays & Duché de Berry, en l'absence du Seigneur de la Chastre. — Cul-de-lampe de la *Forme dv serment*. — *A Troyes. Par Iean Moreau M. Imprimeur, pres Nostre Dame. M.D.LXXXIX. — Auec priuilege du Roy*.

11 pp. ch. et 2 pp. n. ch.

Bibl. nat., La²⁵. 24 (32).

P. 12, Sonet à la Noblesse vnie. Signé D. G. A.

P. 13, Privilège du 25 mai 1589.

Juillet-août 1589 (Abbaye de la Prée, à deux lieues d'Issoudun et six de Bourges, 3 août).

Le sieur de « Neufuiz » tirait son nom d'une localité du département du Cher, Neuvy-le-Barrois.

119. — Discours veritable de l'estrange & subite mort de Henry de Valois, aduenuë par permission diuine, luy estant a S. Clou, ayant assiegé la Ville de Paris, le Mardy 1. iour d'Aoust, 1589. Par vn Religieux de l'ordre des Iacobins. — Bois gravé, Saint Pierre martyr (voir notre n° 96). — *A Troyes, Par Iean Moreau, M. Imprimeur, pres Nostre Dame. — Auec Priuilege du Roy. S. d.*

16 pp. n. ch.

Bibl. nat., La²⁵. 24 (24).

P. 16, Sizain de la mort inopinee de Henry de Valois.

Par Edme Bourgoin, prieur des Jacobins de Paris. Ce religieux, qui était peut-être originaire de Troyes, y avait prêché au printemps de 1585, dans le but d'émouvoir le peuple contre le roi. M. de Dinteville le fit chasser. Exécuté à Tours, en 1590, comme instigateur du meurtre de Henri III.

Editions de Paris, D. Millot, H. Velu ; de Lyon, J. Pillehotte. — Reproduit dans les *Mémoires de la Ligue*, éd.

1758, t. IV, p. 1-9 ; dans les *Archives curieuses*, t. XII, p. 383-390 ; dans le *Journal de Henri III*, par P. de l'Estoile, éd. 1720, t. I, p. 526-532.

120. — La Vie de Henry de Valois, avec le martyre de Fr. Jacq. Clement de l'ordre S. Dominique. *Troyes, J. Moreau,* 1589. In-8°.

Catalogue du marquis de Courtanvaux, n° 3048.

Il existe à la Bibl. nat. (Lb^{34}. 812) plusieurs éditions d'un opuscule intitulé : *La Vie et faits notables de Henri de Valois...,* mais sans mention du Martyre ; l'une d'elles est réimprimée dans les *Archives curieuses*, t. XII, p. 415-483.

121. — Le Martyre de Frere Iacques Clement de l'ordre S. Dominique. Contenant au vray' toutes les particularitez plus remarquables de sa saincte resolution & tresheureuse entreprise à l'encontre de Henry de Valois. — Bois gravé, Saint Pierre martyr ou Saint Pierre de Vérone. — *A Troyes, Par Iean Moreau, M. Imprimeur de la Saincte Vnion. Auec Priuilege du Roy. S. d.*

54 pp. ch.

Bibl. nat., La^{25}. 24 (27).

« Par Charles Pinselet (Pincelet), chefcier de S. Germain l'Auxerrois à Paris. » (Note ms. sur le titre.)

Reproduit dans les *Archives curieuses*, t. XII, pp. 397-414, d'après l'édition de Paris, Fiselier, 1589 (Lb^{34}. 815) ; mais les imprimés du xvie siècle comportent un long préambule et une péroraison plus longue encore que les *Archives* ont négligés.

122. — Advertissement des Catholiques de Bearn, aux François vnis touchant la Declaration faicte au Pont S. Clou, par Henry 2. Roy de Nauarre. — Culs-de-lampe de la *Forme dv serment. — A Troyes. Par Iean Moreau M. Imprimeur, pres Nostre Dame.* M. D. LXXXIX. — *Auec Priuilege du Roy.*

40 pp. n. ch.

Bibl. nat., La^{25}. 24 (31) ; Collection de l'auteur.

La déclaration visée est du 4 août 1589.

Voir le rappel de titre de cette pièce à la page 17.

Le Martyre de Frere
IACQVES CLEMENT
de l'ordre S. Dominique.

*Contenant au vray toutes les particularitez
plus remarquables de sa saincte resolution
et tresheureuse entreprise à l'encontre de Henry de Valois.*

A TROYES,
**Par Iean Moreau, M. Imprimeur
de la Saincte Vnion.**

Auec Priuilege du Roy.

123. — Edict et déclaration du Duc de Mayenne et du Conseil général de la Saincte Union pour réunir tous vrais chrestiens François à la deffence conservation de l'église Catholique, Apostolique et Romaine. — *Troyes, J. Moreau,* 1589, in-8°.

Catalogue du marquis de Courtanvaux, n° 3048.

5 août 1589 ; publiés en Parlement le surlendemain.

Editions de Paris et Toulouse : Bibl. nat., Lb[35]. 90. — Lyon, J. Pillehotte : Bibl. de Châlons.

Le texte s'en trouve dans le *Recueil général des anciennes lois françaises,* t. XV, p. 5-8.

124. — 🔖 Lettre dv roy de Navarre Aux Illustrissimes Seigneurs de la Republique de Berne. — Culs-de-lampe de la *Forme dv serment.* — *A Troyes, Chez Iean Moreau, M. Imprimeur pres Nostre Dame. Auec Priuilege du Roy. S. d.*

7 pp. n. ch.

Bibl. nat., Lb[35]. 99.

« Du camp de Beauuais ce 18. Aoust, 1589. »

Lettre apocryphe composée par les Ligueurs.

Elle est reproduite dans les *Mémoires de la Ligue* (éd. 1758, p. 80-90) et à la suite des *Sermons de la simvlée conversion,* par Boucher (1594). Les *Archives curieuses* la donnent aussi (t. XIII, p. 217-221), d'après l'édition de G. Chaudière, à Paris (Bibl. nat., Lb[35]. 100), qui a un titre plus explicite que celui de Troyes : *Lettre dv Roy de Navarre avx Illvstrissimes Seignevrs de la Republique de Berne. Leuë publiquemẽt en l'Eglise Cathedrale de Troyes le 20. de ce mois de Septembre, à fin que chacun cogneut clairement le but du Biernois.* Il en existe enfin une édition lyonnaise (Lb[35]. 101), au titre un peu différent.

125. — 🔖 Lettre des estats tenus au Pays & Duché de Bourgongne, addressee a la Noblesse. — Culs-de-lampe de la *Forme dv serment.* — *A Troyes, Par Iean Moreau, M. Imprimeur, pres Nostre Dame. — Auec Priuilege du Roy. S. d.*

8 pp. n. ch.

Bibl. nat., La[25]. 24 (30), Lk[14]. 9.

21 août 1589.

P. 2, M initiale de Tabourot (Moreau), des n°s 97 et 115.

126. — Le masqve descovvert du Biernois et ses adherens, par vne lettre enuoyee à Madame de Tinteuille. — *A Paris, Chez Guillaume Chaudière...*, **M. D. LXXXIX.**

7 pp. ch.

Bibl. nat., Lb^{35}. 102.

« Du Camp ce vingt-deuxiesme Aoust, 1589. »

Cette lettre, où il est question de Troyes, est apocryphe et inventée par les Ligueurs. La destinataire supposée est Mme de Dinteville d'Échenay, épouse de Joachim de Dinteville, son cousin, lieutenant général pour le roi en Champagne, qui se remaria en 1596 avec Léonore de Saulx-Tavanes. (Ed. de Barthélemy, *Recueil.*) Elle est reproduite à la fin des *Sermons de la simvlee conversion*, de Boucher, et dans les *Mémoires de la Ligue* (éd. 1758, t. IV, p. 90-92), dont l'auteur la dit « dressée par les Jésuites de Troyes » et un peu plus loin présente comme autant de mensonges ou d'exagérations notoires la plupart des récits de combats publiés par le parti de la Ligue, notamment celui « qu'un nommé saint Paul, fils à un simple Païsan, de Soldat devenu Capitaine, puis Roitelet de Mezieres & autres Places, & après Maréchal de la Ligue, & finalement poignardé par le petit Duc de Guise, avoit fait merveilles pour la Ligue en Champagne contre le Comte de Grandpré & autres... », ou cet autre « que sur la frontiere de Lorraine avoit été défaite une armée de Reistres & Lansquenets par le Duc de Lorraine au commencement du mois de Décembre... », la « défaite du sieur de Bonnivet », etc.

127. — La deffaicte de Monsieur de Bonniuet, auec ses trouppes, au pays de Picardie, pres Beauuais, le 28. iour d'Aoust 1589. Par Monseigneur le Marquis de Pienne. — Cul-de-lampe de la *Forme dv serment.* — *A Troyes. Par Iean Moreau M. Imprimeur, pres Nostre Dame.* **M. D. LXXXIX.** — *Auec Priuilege du Roy.*

7 pp. ch.

Bibl. nat., La^{25}. 24 (29), Lb^{35}. 104.

Cette pièce raconte la prise et la mise à mort, au village de Breteuil en Picardie, de Henri Gouffier de Bonnivet « le jeune », seigneur de Crèvecœur et de Bonnivet, marquis de Deffends (1547-1589), par son cousin Florimond de Halluin, marquis de Piennes et de Maignelay, gouverneur de La Fère, qui fut tué lui-même en 1592. (De Thou, *Hist. univ.*, t. XI, pp. 36 et 40 ; De La Chenaye-Desbois et Badier, *Dict. de la noblesse*, t. IX et X.) Il y en eut un autre récit, amplifié, que les *Mémoires de la Ligue* (éd. 1758, t. IV, p. 92) et de Thou considèrent comme un libelle.

128. — La prinse et rendition de la Ville d'Eu, situee pres les Villes d'Arque & Diepe, par Monseigneur le Duc de Mayenne. — Bois gravé du n° 106.. — *A Troyes, Par Iean Moreau, M. Imprimeur de la Saincte Vnion. Auec Priuilege du Roy. S. d.*

14 pp. ch.
Bibl. nat., La²⁵. 24 (48).

Eu, dont le roi s'était emparé à la fin d'août 1589, fut repris par Mayenne au commencement de septembre, quelques jours avant la bataille d'Arques ; c'est cette « prinse » que célèbre notre opuscule, malgré que la ville ait été enlevée de nouveau aux Ligueurs, par l'armée royale, dès le mois d'octobre, peut-être avant l'impression du récit. (De Thou, *Hist. univ.*, t. XI, p. 23, 25 et 32.)

129. — La lettre dv roy de Navarre & de d'Espernon, enuoyee aux Rochelois, ou sont contenus tous leurs desseins & entreprinses : Et comme elle a esté trouuee à vn heretique prins à Poitiers. Et comme elle a esté communiquee à M. le Duc de Mayenne. — Culs-de-lampe de la *Forme dv serment. — A Troyes, Par Iean Moreau, M. Imprimeur de la Saincte Vnion. Auec Priuilege du Roy. S. d.*

16 pp. ch.
Bibl. nat., La²⁵. 24 (37).

Cette lettre, datée du 7 septembre 1589, est certainement apocryphe.

130. — La declaration de N. S. P. Pape Sixte V. contre Henry de Bourbon, soy disant Roy de Nauarre. — Armes de Rome. — *A Troyes. Par Iean Moreau M. Imprimeur, pres Nostre Dame. M. D. LXXXIX. — Auec Priuilege du Roy.*

16 pp. ch.

Bibl. nat., La^25. 24 (23).
9 septembre 1589.

Reproduite dans les *Archives curieuses*, t. XI, p. 47-58,
avec un titre plus complet.

131. — Harangue prononcee par N. S. Pere en plein
Consistoire, & assemblee des Cardinaux, Archeuesques &
Euesques y seant. Contenant le iugement de sa saincteté,
touchant la mort de feu Henry de Valois, & de la transac-
tion qu'il à faite auecques Henry Prince de Nauarre, soy
disant Roy de France, & l'acte de Frere Iaques Clement.
— Culs-de-lampe de la *Forme dv serment*. — *A Troyes,
Par Iean Moreau, M. Imprimeur de la Saincte Vnion. Auec
Priuilege du Roy. S. d.*
15 pp. ch.
Bibl. nat., La^25. 24 (39).
11 septembre 1589.

132. — Arrest de la Cour de Parlement, portant defenses
à toutes personnes de quelque qualité ou conditiō qu'ils
soiēt, de n'emprisonner, ny condamner les Catholiques
demourans és Villes du party contraire à la Saincte Vnion
desdits Catholiques. — Culs-de-lampe de la *Forme dv ser-*

ment. — *A Troyes, Par Iean Moreau M. Imprimeur de la Saincte Vnion. Auec Priuilege du Roy. S. d.*

7 pp. ch.

Bibl. nat., La²⁵. 24 (38).

11 septembre 1589.

133. — Arrest de la Covr de Parlement pour la conseruation du repos public de la ville & faux-bourgs de Paris, & seureté des habitans d'icelle. — Culs-de-lampe de la *Forme dv serment*. — *A Troyes, Par Iean Moreau, M. Imprimeur de la Saincte Vnion. Auec Priuilege du Roy. S. d.*

7 pp. ch.

Bibl. nat., La²⁵. 24 (28).

11 septembre 1589.

134. — Petit Aduertissement à Monseigneur de Luxēbourg, sur vne lettre enuoyee en sō nom aux habitās de Rheims, en datte du quatorziesme de Septembre, 1589. — Culs-de-lampe de la *Forme dv serment*. — *S. l.* 1589.

16 pp. ch.

Bibl. nat., La²⁵. 24 (40).

P. 3, Tête de la *Forme*, petit L initiale gothique venant sans doute des Lecoq comme l'M des nᵒˢ 97, 115 et 125 qui se trouve dans les *Heures* de Langres 1575, d'un Jean Lecoq.

Impression de Jean Moreau.

135. — Lettre de l'Evêque du Mans (Claude d'Angennes), avec la Réponse à elle faite par un Docteur en Théologie, en laquelle est répondu à ces deux doutes : Si on peut suivre en sûreté de conscience le parti du Roi de Navarre, & le reconnoître pour Roi ; & si l'acte de Frère Jacques Clément, Jacobin, doit être approuvé en conscience, & s'il est louable ou non : *Paris,* Chaudière, 1589 : *Troyes,* Moreau, in-8.

« Le Docteur, [dont il est ici question] est le fameux Ligueur Jean Boucher, Curé de S. Benoît, qui dans sa Réponse impie, vomit toutes sortes d'injures contre le Roi Henri III. & profane d'une horrible manière les paroles de la Sainte Ecriture. » (Lelong, *Bibl. hist. de la France*, éd. 1769, nᵒ 19084.)

Editions de Paris et Orléans (Bibl. nat., Lb³⁵. 130, 130 a).

« La Responce » est datée du 15 septembre 1589.

136. — Discovrs abregé dv combat des armes de Monseigneur le Duc de Mayenne, Lieutenāt General de l'Estat Royal & Coronne de France. Et du Roy de Nauarre, le leudy xxj. de Septembre, 1589. — Bois gravé du n° 106. — *A Troyes, Par Iean Moreau, M. Imprimeur de la Saincte Vnion. Avec Priuilege du Roy. S. d.*

13 pp. ch., 1 bl., 1 n. ch. (Extrait du Privilège du 25 mai 1589).

Bibl. nat., La²⁵. 24 (35).

Il s'agit de la bataille d'Arques, dont le récit est présenté comme ayant été une victoire pour la Ligue.

De Thou parle de ce récit mensonger (t. XI, p. 30).

137. — La deffaicte des trovppes de F. Ioachim de Dinteuille qui estoient en Champaigne, par Monsieur de sainct Paul. Auec le nombre, & les noms des Seigneurs morts & prisonniers. — Culs-de-lampe de la *Forme dv serment.* — *A Troyes, Par Iean Moreau, M. Imprimeur de la Saincte Vnion. Auec Priuilege du Roy. S. d.*

14 pp. ch.

Bibl. nat., La²⁵. 24 (47).

Reproduit dans la *Nouv. Bibl. de l'amateur champenois,* t. XIV, p. 33-36.

Cette défaite eut lieu le 8 octobre 1589, à Saint-Amand-sur-Fion (Marne, arrond. et cant. de Vitry). Robert de Joyeuse, comte de Grandpré, y fut mortellement blessé. (Voir De Thou, t. XI, p. 38.)

P. 14, Extrait du privilège du 25 mai 1589.

138. — Arrest de la Covrt de Parlement, contre Henry de Bourbon, ses fauteurs & adherans. — Culs-de-lampe de la *Forme dv serment.* — *A Troyes, Par Iean Moreau, M. Imprimeur de la Saincte Vnion. Auec Priuilege du Roy. S. d.*

8 pp. n. ch.

Bibl. nat., La²⁵. 24 (45).

14 octobre 1589.

P. 8, Extrait du privilège du 25 mai 1589.

139. — Le Povvoir et Commission de Monseigneur l'Illustrissime & Reuerendissime Cardinal Caietan, Legat deputé par le S. Siege Apostolique au Royaume de France. — Cul-de-lampe. — *A Troyes. Par Iean Moreau, M. Imprimeur du Roy. Auec Priuilege dudit Seigneur. S. d.*

15 pp. n. ch.

Bibl. nat., La^{25}. 24 (55).

Rome, le 15 octobre 1589.

Lors de son arrivée en France, le cardinal Henri Cajetan séjourna du 9 au 12 janvier 1590 à Troyes, où lui fut faite une magnifique réception. (Arch. dép., G. 1290, 22 déc. 1589 ; Boutiot, *Histoire de Troyes*, t. IV, p. 183-184.)

140. — La temeraire entreprise dv prince de Bearn, sur la ville de Paris, auec l'heureux secours de Monseigneur le Duc de Mayenne, & courageuse defence des habitans de ladite ville. Ensemble la vendition qu'il à faicte des villes à l'Anglois. — Cul-de-lampe de la *Forme dv serment.* — *A Troyes, Par Iean Moreau, M. Imprimeur de la Saincte Vnion. Auec Priuilege du Roy. S. d.*

15 pp. ch.

Bibl. nat., La^{25}. 24 (44).

31 octobre-1er novembre 1589.

141. — Les crvavtez commises contre les Catholiques de la ville de Vendosme, par le Roy de Nauarre & ses suppots. Auec les derniers propos de monsieur Iessé, Prouincial de l'ordre sainct François, miserablement executé & mis à mort. — Armes de France. — *A Troyes, Par Iean Moreau, M. Imprimeur du Roy. Auec Priuilege dudit Seigneur. S. d.*

16 pp. n. ch.

Bibl. nat., La^{25}. 24 (36).

Vendôme fut assiégée le dimanche 19 novembre 1589.

Iessé : Robert Chessé, religieux Cordelier, un des principaux chefs de la conspiration qui avait eu pour objectif de livrer Tours aux Ligueurs. Il fut pendu avec le gouverneur Jacques de Maillé Brézé, seigneur de Benehart. (De Thou, *Histoire universelle*, t. XI, p. 46, 66, 809 ; P. de l'Estoile, *Mémoires*, t. II, p. 7.)

142. — Arrest dv Conseil general de la Saincte Vnion.

Par lequel est ordonné que les biens des heretiques de Paris, & leurs adherans seront venduz, & largent employé au remboursement des rançons, & recōpense des veufues & enfans des massacrez le iour de Toussaincts dernier. — Armes de France. — *A Troyes, Par Iean Moreau, M. Imprimeur du Roy. Auec Priuilege dudit Seigneur. S. d.*

8 pp. ch.

Bibl. nat., La²⁵. 24 (43), Lb³⁵. 153.

20 novembre 1589.

P. 8, Extrait du privilège du 25 mai 1589.

143. — Arrest de la Covr de Parlement, de recognoistre pour Roy, Charles dixiesme de ce nom. — Armes de France. — *A Troyes, Par Iean Moreau, M. Imprimeur du Roy. Auec Priuilege dudit Seigneur. S. d.*

5 pp. ch.

Bibl. nat., La²⁵. 24 (42).

21 novembre 1589.

144. — La victoire obtenue par Monseigneur le Duc de Lorraine, sur les Reystres & Lansquenets, aux quartiers desdits Lansquenets les six et septiesme iour de Decembre, 1589. — Armes de France. — *A Troyes, par Iean Moreau, M. Imprimeur du Roy. Auec Priuilege dudit Seigneur. S. d.*

12 pp. ch. et 1 f. bl. au verso duquel sont les armes des Guise accostées de deux croix de Lorraine.

Bibl. nat., La²⁵. 24 (41).

Cette « victoire » eut pour théâtre diverses localités d'Alsace. Le duc de Lorraine, ayant donné rendez-vous à ses compagnons d'armes pour le 29 novembre 1589, à Nancy, passa le 3 décembre la montagne de Saverne ; le 4 il était à « Marmonstier », le 5 aux environs de « Moldsey » (Molsheim ?), alors que les ennemis étaient logés près de « Benidfelt sur la riviere d'Ille » (Benfeld ?) ; les 5 et 6 on se battait dans la « plaine Daulsay » (?) et le 7 Saint-Paul poursuivait les reîtres dont quelques-uns étaient logés à trois lieues de Bâle. — De Thou (*Hist. univ.*, t. XI, p. 96-97), parlant des mêmes faits, les localise à Botzen et Bretenen (?).

145. — La deffaicte de l'armee dv Prince de Dombes, au pays & Duché de Bretaigne. Par Monseigneur le Duc de

Mercueur. — Armes de France. — *A Troyes, Par Iean Moreau, M. Imprimeur du Roy. Auec Priuilege dudit Seigneur. S. d.*

14 pp. ch.

Armes des Guise, accostées de croix de Lorraine, au recto du feuillet suivant ; Extrait du privilège du 25 mai 1589 au verso.

Bibl. nat., La²⁵. 24 (46).

Les faits rapportés dans cette pièce eurent surtout pour théâtre Saint-Malo et ses environs : Miniac, Rouvre, Châteauneuf, Le Plessis-Bertrand, la tour de Solidot ou Solidor, le château de la Latte Lymodan (ou Lymollan), L'Ardonnaye, Coasquin, Guemadeuc, La Hunaudaye, l'Antriguet, Quintin, et en général la région qui s'étend de Nantes à Rennes, ces villes y comprises. Ils se passèrent d'octobre à décembre 1589 (*Histoire particulière de la Ligue en Bretagne, t. I, p. 124 et suiv., dans l'Histoire des ducs de Bretagne* de l'abbé Desfontaines).

Le prince de Dombes était alors François de Bourbon Montpensier, qui porta ce titre de 1582 à 1592.

1590

146. — Advertissement pour la tenue & assemblee des Estats generaux de ce Royaume. — Armes de France. — *A Troyes, Par Iean Moreau, M. Imprimeur du Roy. Auec Priuilege dudit Seigneur. S. d.*

15 pp. dont 13 ch.

Bibl. nat., La²⁵. 24 (51).

8 décembre 1589.

P. 14, Ordonnance du lieutenant Philippe de Vert pour la publication de cet acte officiel. Janvier 1590.

147. — La Lettre de N. S. Pere le Pape, à Messieurs de la Cour de Parlemēt de Paris. — Cul-de-lampe à pendentifs. — *A Troyes. Par Iean Moreau, M. Imprimeur du Roy.* — M. D. LXXXX.

8 pp. ch.

Bibl. nat., La²⁵. 24 (33), Lb³⁵. 132 A.

De Sixte-Quint, 2 octobre 1589.

148. — Harangue prononcee a monseignevr l'illvstrissime et reverendissime Henry Cardinal Caietan, de la Noble et ancienne maison des Ducs de Sermonette Collateral de sa Sainctete en France. — Cul-de-lampe à pendentifs. — *A Troyes. Par Iean Moreau, M. Imprimeur du Roy. Auec Priuilege dudit Seigneur. S. d.*

40 pp. ch.

Bibl. nat., La²⁵. 24 (56).

Aucune indication de lieu, de temps ni d'auteur. Le cardinal-légat, arrivé à Lyon le 9 novembre 1589, à Paris le 21 janvier 1590, quitta cette dernière ville le 25 septembre. (Bruwaert, *Mémoires de Jacques Carorguy*, p. 35.)

149. — Advis des Estats de Bovrgongné avx Francois, tovchant la resolution prise aux estats de Blois, l'An 1588. Fait à Dijon le premier iour de Ianuier, 1590. Contre Henry de Bourbon, soy disant Roy de Nauarre. — Assemblage rectangulaire de 16 fleurons. — *A Troyes, Par Iean Moreau, M. Imprimeur du Roy. Auec Priuilege dudit Seigneur, S. d.*

31 pp. n. ch.

Bibl. nat., La²⁵. 24 (50).

Au verso du titre, A. M. B. Svr l'Advis avx Francois. (Sonnet signé : G. L. G.).

P. 29, ¶ Sur le present Discours, en forme d'Aduis. Le Seigneur Des Accords. (Sonnet.)

P. 30, Avx Bovrgvignons. (Sonnet signé I. B. D.)

P. 31, Sonet (signé M. Y. L. T.).

G. L. G. : Sans doute Guillaume Le Gouz, seigneur de Vallepesle (auj. Valpelle), avocat général au Parlement de Bourgogne, puis aussi maître à la Chambre des comptes de Dijon, mort en 1614, dont on connaît plusieurs pièces de vers mises en tête d'ouvrages écrits ou édités par Etienne Tabourot (Papillon, *Bibl. des auteurs de Bourgogne*, t. II, p. 339).

Etienne Tabourot des Accords (Dijon, 1549-1590), le facétieux auteur de *Les Bigarrures et Touches,* était un ardent ligueur.

I. B. D. pourrait être Jean-Baptiste Duval, auxerrois, secrétaire du roi, philologue, orientaliste, mort en 1634, qui publia des vers dès 1592 (Papillon, *op. cit.*, t. I, p. 195).

Je n'ai pu déterminer le sonnettiste M. Y. L. T.

150. — La Reprise des villes de Ponthoise & Meulan, & Chasteau de Vincennes. Par Monseigneur le Duc de Mayenne, Pair, & Lieutenant general de l'Estat Royal & Couronne de France. Ensemble les Enseignes qui ont esté apportees en l'Eglise de nostre Dame, à Paris. — Armes de France. — *A Troyes. Par Iean Moreau, M. Imprimeur du Roy. Auec Priuilege dudit Seigneur. S. d.*

13 pp. ch.

Bibl. nat., La²⁵. 24 (52).

Fin 1589 pour Vincennes, 6 janvier 1590 pour Pontoise (Le Charpentier, *La Ligue à Pontoise*, p. xxix).

151. — Mandement Itératif dv Roy, povr la convocation des Estats en la ville de Melun. — Armes de France. — *A Troyes. Par Iean Moreau, M. Imprimeur du Roy. Auec Priuilege dudit Seigneur. S. d.*

6 pp. ch.

Bibl. nat., La²⁵. 24 (49), Lb³⁶. 82 A.

15 janvier 1590.

P. 6, Privilège du 25 mai 1589.

152. — 🙢 Lettre de Monsieur Bodin. — Cul-de-lampe à pendentifs. — *A Troyes. Par Iean Moreau, M. Imprimeur du Roy.* — M. D. LXXXX. *Auec Priuilege dudit Seigneur.*

16 pp. n. ch.

Bibl. nat., La²⁵. 24 (53).

20 janvier 1590.

Édition parisienne de G. Chaudière (Lb³⁶. 326).

Jean Bodin, angevin, procureur du roi à Laon, a laissé de nombreux ouvrages de philosophie et d'économie politique. On varie sur la date de sa naissance : la plupart des biographes la fixent à l'année 1530, la *Grande Encyclopédie* à 1520, et De Thou (*Hist. univ.*, t. XIII, p. 34) lui donne « plus de 70 ans » à sa mort arrivée en mai 1596.

153. — Responce de Maistre Pierre le Maigre à celle de Monsieur d'Epais, President du Biarnois en la Ville de Tours. — Cul-de-lampe à pendentifs. — *A Troyes. Par Iean Moreau, M. Imprimeur du Roy.* — M. D. LXXXX. *Auec Priuilege dudit Seigneur.*

21 pp. n. ch.
Bibl. nat., La²⁵. 24 (54).
31 janvier 1590.
Monsieur d'Epais : Jacques Faye, seigneur d'Espeisses, avocat du roi, président du Parlement de Paris séant à Tours. Il avait été procureur général aux Grands Jours de Troyes de 1583 (1543-1590).

154. — De par le Roy, Et Monseigneur le Duc de Cheureuse, Gouuerneur & Lieutenant general pour sa Majesté, au Gouuernemēt de Champaigne & Brie, pendant la detention de Monseigneur le Duc de Guise, son frere, Gouuerneur de ladicte Prouince. — *S. l. n. d.*
Pl. in-plano en deux parties collées.
Arch. mun., layette 20, pièce 82 ; BB., 14ᵉ carton, 2ᵉ liasse ; reg. P. 1ᵉʳ, pièce 18.
Grande initiale I à fonds criblé, de Jean Moreau.
Ordonnance pour la garde et sûreté de la ville. 1ᵉʳ février 1590. Signée : Clavde de Lorraine.

155. — Coppie d'vne lettre escripte par le Roy de Nauarre à la Roine d'Angleterre, contenant la declaration de sa meschante volonté. Auec l'estat de la despence qu'il à ordonné estre faict en l'Annee presente M. D. LXXXX. pour le payement de cent treize Ministres & escoliers. — Cul-de-lampe à pendentifs. — *A Troyes. Par Iean Moreau, M. Imprimeur du Roy. Auec Priuilege dudict Seigneur. S. d.*
15 pp. n. ch. Notes marginales.
Bibl. nat., La²⁵. 24 (60).
15 mars 1590.
Reproduite à la fin des *Sermons de la simvlee conversion,* de Boucher, et probablement apocryphe comme toutes celles qui se trouvent là.

156. — Discovrs dv ivbilé, tiré dv thresor spiritvel de l'Eglise. Ensemble de la grande ioye spirituelle qu'en doiuent receuoir les bons Chrestiens fideles & Catholiques. Par F. Benoist du Buisson, Docteur en Theologie de l'ordre S. François, & Predicateur ordinaire en l'Eglise tres-deuote de la Magdaleine de Troyes. *Beatus populus qui scit Iubilationem.* Psal. 88. — 4 vignettes en rectangle. — *A Troyes.*

Par Iean Moreau, M. Imprimeur du Roy. — M. D. LXXXX.
Auec Priuilege dudit Seigneur.
   22 pp. n. ch.
   Bibl. nat., La²⁵. 24 (57).
   21 mars 1590.
   P. 3-6, Dédicace « A Messievrs les Margvilliers et tovs autres Parroissiens de l'Eglise tres deuote de la Magdaleine... »,
« Escript de vostre maison de S. Frãçois de Troyes, ce 21. Mars, 1590... ».

   157. — Le discovrs. de la prinse de Montyramé, par Monseigneur le Prince de Ioinuille Gouuerneur de Troyes en Campaigne. Auec les noms des prisonniers & le nombre des mors. — Cul-de-lampe. — *Iouxte la copie Imprimee a Troye. — Auec Permission. S. d.*
   13 pp. ch. et 2 pp. n. ch. portant l'une un blason des Guise, l'autre celui de France.
   Bibl. de Troyes, Catal. loc., n° 2008 ; Bibl. nat., Lb³⁵. 303.
   Au rappel de titre : La Reprinse de Montyramé.
   24-27 mars 1590.
   Reproduit par Alex. Assier dans le *Bibliophile du département de l'Aube,* n° 1 ; par J. Carnandet dans *Le Trésor des pièces rares et curieuses de la Champagne et de la Brie,* t. I, p. 199-206 ; et par la *Revue de Champagne et Brie,* 1889, p. 233-235.
   Je n'ai pas trouvé l'édition troyenne.
   Montiéramey avait eu déjà particulièrement à souffrir des guerres religieuses : le 24 août 1570, les soldats du général Wolrad de Manfeld, dit Mâchefer, avaient dévasté son église et son abbaye (*Pillage de l'église de Montiéramey par les reîtres, en 1570,* par M. Louis Le Clert, dans le *Bulletin archéologique* de 1892, p. 43-48).
   Le prince de Joinville : Claude de Lorraine (1578-1657), duc de Chevreuse, fils puîné de Henri Iᵉʳ de Lorraine, 3ᵉ duc de Guise. Malgré son jeune âge, il fut lieutenant général au gouvernement de Champagne, pour la Ligue, du 29 octobre 1589 au 22 mars 1594.

   158. — Le Discours de la prinse de Montyramé... Ensemble la prinse de Saultour, auec plusieurs huguenotz de

7

la Champaigne, leurs noms et le nombre des morts. Iouxte la copie imprimee a Troyes (1590). In-8°.

Fiche de M. Emile Socard à la Bibl. de Troyes.

Paraît être une autre édition du livret précédent, avec modification du titre.

159. — Novs iurons & promettons... — *S. l. n. d.*
Pl. in-fol. comportant 34 lignes de texte et place au bas pour signatures.

Arch. mun., P. Ier, p. 10 ; Coll. Camille Honnet, à Troyes.

Grande N initiale à fonds criblé, de Jean Moreau.

Ce doit être la formule du serment d'union qui fut prêté par les Ligueurs troyens les 11 et 12 avril 1590 ; il écarte Henri de Navarre de la couronne, reconnaît Charles de Bourbon pour roi légitime et promet obéissance au duc de Mayenne. (Arch. dép., reg. G. 1290, fol. 447 v° ; Arch. mun., reg. A. 23).

160. — Bref discovrs du Siege de Sens, par le Roy de Nauarre, dressé deuant ladicte ville, le dernier iour d'Auril mil cinq cens quatre-vingts & dix. — Cul-de-lampe à pendentifs. — *A Troyes. Par Iean Moreau, M. Imprimeur du Roy. Auec Priuilege dudict Seigneur. S. d.*

20 pp. n. ch.

Bibl. nat., La²⁵. 24 (59).

« ... le siége en fut levé le second jour de may [1590]... » (*Mémoires* de Jacques Carorguy, p. 52).

161. — ❧ Discovrs de la reprise de la Citadelle de Vitry, par Monsieur de S. Paul. — Armes de France. — *A Troyes. Par Iean Moreau, M. Imprimeur du Roy. Auec Priuilege dudict Seigneur. S. d.*

8 pp. n. ch.

Bibl. nat., La²⁵. 24 (34).

19 mai 1590 (Boitel, *Histoire de l'ancien et du nouveau Vitry*, p. 179).

162. — Officialis Trecensis... — *S. l. n. d.*
Pl. in-fol.

Arch. mun., reg. P. Ier, pièce 9.

Monitoire contre certains « quidans », accusés d'avoir voulu faire réfugier dans la ville de Troyes des adeptes de la religion prétendue réformée. 17 juin 1590.

163. — Bref discovrs et veritable des choses plvs notables arriuees au siege memorable de la renommee ville de Paris, & defence d'icelle par Monseigneur le Duc de Nemours, côtre le Roy de Nauarre. Par Pierre Corneio. — Cul-de-lampe à pendentifs. — *A Troyes. Par Iean Moreau, M. Imprimeur du Roy. Auec Priuilege dudict Seigneur. Et de Monseigneur le Duc de Chevreuze. S. d.*

47 pp. n. ch.

Bibl. nat., Lb³⁵. 249 D.

P. 6, A P. Corneio. Sonet.

Juillet-août 1590.

Reproduit dans la *Satyre Ménippée* et dans les *Archives curieuses*, t. XIII, p. 227-290.

164. — 🜲 Copie d'vne lettre du Roy de Navarre, de l'entreprise faicte sur la Ville de Troyes par le Comte de Grand Pré, le xvij. iour de Septembre, 1590. Auec deux aultres lettres de Eustache de Mesgrigny sur ladicte entreprise. Ensemble les efforts sur aucunes villes de France, faicts par les alliez dudict Roy de Nauarre, apres la rupture de son camp deuant Paris. — Cul-de-lampe à pendentifs. — *A Troyes. Par Iean Moreau, M. Imprimeur du Roy. Auec Priuilege dudict Seigneur. S. d.*

8 pp. n. ch.

Bibl. nat., La²⁵. 24 (58), Lb³⁵. 280.

La lettre du roi est du 9 août 1590, celles de M. de Mesgrigny du 7 septembre ; elles étaient destinées à préparer cette entreprise, qui échoua. — M. de Barthélemy les analyse dans son *Recueil de plaquettes*, p. 100-102 ; elles sont reproduites dans la *Revue de Champagne et de Brie*, 1889, p. 237-238 ; celle du roi est dans le *Recueil* de Berger de Xivrey, t. II, p. 236-237.

Eustache de Mesgrigny-Villebertin était lieutenant général au bailliage de Troyes et président au présidial (1544-1594). Fils de Jean V de Mesgrigny et de Marie de Pleurre, il avait épousé Simone Le Mairat, dame de Droupt-Saint-

Bâle, en 1571 (Em. Socard, *Essai d'histoire généalogique de la famille de Mesgrigny*). Le *Discovrs de l'entreprise des heretiques et hvgvenots sur la ville de Troyes* (notre numéro suivant) lui donne (p. 7) le surnom de « Cholot », que la reproduction de l'*Annuaire de l'Aube* pour 1850 (p. 21) écrit « Cholet ».

Cette affaire, connue sous le nom de *Journée de la Saint-Lambert*, fournit au parler local la variante d'un dicton connu :

C'est aujourd'hui la Saint-Lambert,
Qui quitte sa place la perd.

Le comte de Grandpré était alors Claude de Joyeuse, sieur de Tourteron, gouverneur de Mouzon et de Beaumont en Argonne, frère de Robert de Joyeuse qui avait été tué le 8 octobre 1589 à Saint-Amand (voir le n° 137).

165. — Discours de l'Entreprise sur Troyes, faite le dix-septième jour de septembre 1590. — *A Troyes, par Jean Moreau, M^e imprimeur du Roy.*

Cette narration de l'événement relaté dans l'article précédent n'existait plus, d'après Grosley, qu'à un seul exemplaire de son temps ; elle a été reproduite dans l'*Annuaire de l'Aube* de 1850, p. 13-22, par M. Corrard de Breban, d'après une copie faite par M. Huez, conseiller au bailliage, en 1724. (Fiches de M. Em. Socard.)

Il en existe une autre forme, éditée à Paris : Discovrs av vray de l'entreprise faicte par les heretiques sur la ville de Troye le 17. Septembre dernier. Auec les noms de plusieurs Gentils-hommes & Capitaines qui sont demeurez morts en ladicte entreprinse. *A Paris, chez Guillaume Chaudiere...*, 1590, 24 pp. (Bibl. nat., Lb³⁵. 279 ; Bibl. de la Ville de Paris, Catal. méthod., t. I, col. 190), et une lyonnaise, au titre un peu plus explicite, au texte encore différent : Discovrs de l'entreprise des heretiques et hvgvenots sur la ville de Troyes : Conduitte par le Sieur de Torteron, à l'induction d'Eustache de Megrigny, iadis President & Lieutenant general au bailliage dudit Troyes. Auec les noms de plusieurs Gentis-hommes & Capitaines, la pluspart morts, pensans executer ladicte entreprise. *A Lyon, par Iean Pille-*

hotte..., 1590, 20 pp. (Bibl. de Troyes, Catal. loc., n° 2075).
— Voir le n° 215.

Le 12 octobre 1590, le chapitre de la Cathédrale décide de se plaindre au duc de Chevreuse, gouverneur de Champagne, de ce que l'imprimeur Moreau vient de faire paraître, sur la surprise du 17 septembre, un discours dans lequel le chapitre est maltraité. Voici le texte de la délibération :

« *Vendredi 12 octobre 1590.* — Mesdicts sieurs furent appellez ostiatim par leur cloistrier et assemblez en leur chapitre, entre deux et trois heures après midy, auxquels Monsr le doyen [Odard Hennequin] exposa que Jehan Moreau, imprimeur, avoit imprimé et mis en lumière ung discours de la surprise advenue en ceste ville, le xviie jour de septembre dernier, auquel discours il taxe généralement tout le corps de ceste eglise et nommément ledit sieur doyen, et que si Messieurs trouuent bon qu'on présente requeste expresse à Monsr le duc de Cheureuze a ces fins ad ce que ledict imprimeur soit appellé pour sçauoir qu'il luy a fait imprimer led. discours et qui luy a donné l'original dicelluy, affin de s'y pouruoir comme l'on verra par raison. Ce que mesd. sieurs ont eu pour agréable, et que ladicte requeste soit présentée par ung bon nombre de mess^rs et sera requis mons. l'official de s'en charger ad ce que cy après ledict Moreau, imprimeur, n'imprime aulcune chose sans l'expresse permission de Monseigneur de Troyes ou de Messrs ses grands vicaires, signamment en ce qui touche le spirituel. » (Arch. dép., reg. G. 1291, fol. 23 v°.)

Les chanoines semblent s'être montrés bien susceptibles. en la circonstance ; j'ai beau relire le *Discours,* je ne vois rien qui soit de nature à leur porter atteinte, non plus qu'à la religion, dans les passages où il est question d'eux.

166. — Coppie d'vne Lettre d'vn Gentilhomme de Champagne à vn Gentilhomme de Bourgongne sien amy : Contenant au vray l'estat de l'armee du roy de Nauarre, & de celle des sieurs Ducs de Mayenne & de Parme, prinse de Lagny et du pont Charenton : Auec la trahison descouuerte des Politiques de Troye en Champagne. — Vignettes. — *A Lyon, Par Iean Pillehotte, Libraire de la Saincte Vnion. 1590. Avec privilege.*

12 pp. n. ch.

Bibl. de Châlons-sur-Marne.

Cette lettre est datée de la semaine qui suivit la journée de la Saint-Lambert (17 septembre 1590), dite « Mardi dernier ». La ville de Lagny fut prise les 6, 7 ou 8 septembre (De Thou, *Hist. univ.*, t. XI, p. 189).

P. 7, Memoires envoyees à Monsieur le Baron de Thianges, par Monsieur l'Euesque de Langres conformes à la lettre susdicte. 19 septembre.

Le baron de Thianges : selon Boutiot (*Histoire de Troyes*), c'est le même que le baron de Thenissey qui tint la ville de Châtillon-sur-Seine pour la Ligue à partir de 1591 et ne la rendit à Henri IV, contre argent comptant, que le 17 avril 1595. Lapérouse (*L'Histoire de Châtillon*, p. 345) le nomme Antoine de Gellan, baron de Thenissey.

L'évêque de Langres était alors Charles II de Pérusse des Cars ou d'Escars.

167. — Ordonnance de Monseignevr le dvc (*sic*) Mayenne, Pair, & Lieutenant general de l'Estat Royal & Couronne de France, & des Preuosts des Marchans & Escheuins de la ville de Paris, touchant ce qui doibt estre obserué, tant pour ceux qui sont de retour en ceste dicte ville, que ceux qui y voudront rentrer. — Armes de France. — *A Troyes. Par Iean Moreau, M. Imprimeur du Roy. Auec Priuilege dudict Seigneur. Et de Monseigneur le Duc de Cheureuze. S. d.*

14 pp. ch.

Bibl. nat., Lb[35]. 294 A.

7 novembre 1590.

168. — Mandement de Monseignevr le dvc de Mayenne, Lieutenant general de l'Estat et Couronne de France, sur la côuocation des Estats generaux de ce Royaume, en la ville d'Orleans le vingtiesme iour de Ianvier, 1591. — Armes de France. — *A Troyes. Par Iean Moreau, M. Imprimeur du Roy. Auec Priuilege dudict Seigneur. Et de Monseigneur le Duc de Cheureuze. S. d.*

8 pp. n. ch.

Bibl. nat., Le[15]. 3.

Camp de Bruyères, 15 décembre 1590.

P. 6-8, publication à Troyes, 24 décembre.

1591

169. — Propos et devis, en forme de dialogue. Tenus entre le Sire Claude, Bourgeois de Paris, & le Sieur d'O, seruans d'instruction à ceux qui sortent de la ville de Paris, pour aller demeurer és villes de party contraire. — Cul-de-lampe à pendentifs. — *A Troyes. Par Iean Moreau M. Imprimeur du Roy. Avec Privilege.* — M.D.LXXXXI.

21 pp. ch.

Bibl. nat., Lb^{35}. 381 A.

Edition de Paris, Rolin Thierry, Imprimeur de la Saincte Vnion, 1591 (Lb^{35}. 381).

Le sieur d'O : Francois d'O, seigneur de Fresnes, surintendant des finances, gouverneur de Paris, l'un des mignons de Henri III. Il est mort en 1594.

170. — Missive envoyee à vn seignevr Catholicque, cõtenant le Discours de l'entreprise du Roy de Nauarre sur la ville de Paris, le vingtiesme de Ianvier, mil cinq cens quatrevingts & vnze, & d'autres choses aduenues en mesme temps. Auec l'extraict du Serment des Rois de France. — Cul-de-lampe à pendentifs. — *A Troyes. Par Iean Moreau M. Imprimeur du Roy. Auec Priuilege dudict Seigneur. S. d.*

16 pp. ch.

Bibl. nat., Lb^{35}. 337 B.

23 janvier 1591.

Deux éditions parisiennes de Fédéric Morel (Lb^{35}. 337 et 337 A).

171. — 🙟 Extraict des registres du Conseil de l'Vnion estably en la ville de Troyes. — *S. l. n. d.*

Pl. in-plano.

Arch. mun., lay. 20, pièce 71.

Ordonnance qui enjoint aux détenteurs de biens appartenant aux habitants qui ont quitté la ville après « le détestable massacre de Messieurs les Princes, proditoirement commis à Blois », et qui n'y sont pas rentrés malgré plusieurs

semonces et arrêts, de déclarer ces biens, ainsi que les som-
mes qui leur peuvent être dues, les « caches » qu'ils ont
faites, etc.). 7 février 1591. Publiée le 13 février.

172. — Bulle monitoire de N. S. P. le Pape, Gre-
goire XIIII, contre les Archeuesques, Euesques, Abbez, Prelats, Collèges, Conuents, Chapitres, & autres personnes
Ecclesiastiques qui suyuët ou adherent, en quelque façon,
à Henry de Bourbon. — Armes de Rome. — *A Troyes.
Par Iean Moreau, M. Imprimeur du Roy. Auec Priuilege
dudict Seigneur.* M.D.LXXXXI.
   In-8 de 16 pp. ch.
   Bibl. de Troyes, Catal. loc., n° 5029.
   1ᵉʳ mars 1591.
   Cette bulle a donné lieu à de nombreux arrêts rendus pour
et contre elle par les fractions du Parlement qui siégeaient à
Châlons, à Paris et à Tours. — Voir le n° 186.

173. — Lettre de Monseigneur le Duc de Mayenne,
Pair, & Lieutenant general de l'Estat & Couronne de France.
— *S. l. n. d.*
   Pl. pet. in-fol.
   Arch. mun., BB., 16ᵉ carton, 1ʳᵉ liasse.
   Datée de Reims, 23 avril 1591, et adressée « A Monsieur,
Monsieur le Duc de Cheureuze », pour l'inviter à faire partir
pour Reims les députés aux Etats généraux, fixés au 1ᵉʳ
juin.
   Grande initiale M à fonds criblé, de Jean Moreau.

174. — Mandement de Monseignevr le Duc de Mayenne,
Lieutenant general de l'Estat & Couronne de France, sur la
cōuocatiō des Estats generaux de ce Royaume, en la ville
de Reims, au premier iour de Iuin, 1591. — Armes de
France. — *A Troyes. Par Iean Moreau M. Imprimeur du
Roy. Auec Priuilege dudict Seigneur. S. d.*
   8 pp. n. ch.
   Bibl. de Troyes, ms. 2741, p. 383-392 ; Arch. mun.,
BB., 16ᵉ carton, 1ʳᵉ liasse.
   23 avril 1591. Même lettre que l'article précédent.
   P. 5, Lettre de Monseigneur le Duc de Cheureuze, 27
avril.

P. 6, Ordonnance d'Olivier de la Rouëre, gouverneur et
bailli de Troyes pour la Ligue. 29 avril.

175. — Soit signifié aux... — *S. l. n. d.*
Pl. in-4°.
Arch. mun., BB., 16ᵉ carton, 1ʳᵉ liasse.
Invitation de la Chambre de l'échevinage, aux corps et
communautés de la ville, de nommer des délégués à une
assemblée qui aura lieu pour désigner les députés aux Etats
de Reims et prendre diverses mesures de sécurité. 4 mai
1591.
Grande S initiale à fonds criblé, de Jean Moreau.

176. — De l'Ordonnance de Monseigneur le Prinse
de Ioinville, Gouuerneur, & Lieutenant general au pays de
Champagne & Brie. Il est enjoinct... — *S. l. n. d.*
Pl. in-fol.
Arch. mun., layette 20, pièce 72.
Grande initiale I, à fonds criblé, de Jean Moreau.
27 mai 1591. Signé : Claude de Lorraine et Le Sevrre.
Au sujet de la garde de la ville. On y donne le signale-
ment des sieurs de Pirolle et Laperle. Le premier est « vn
petit homme, plain de corps & visage, portant courte barbe,
noire, assez espesse, ayāt l'vn des yeux bigle, aagé de quelque trente-cinq à quarante ans, & contrefaignāt son mar-
cher, lequel se faict appeller le sieur de Pirolle ingenieux » ;
l'autre est « vn homme fort petit, alegre de corps, & maigre de visage, ne portāt barbe qui paroisse le visage, infi-
niement ridé, son parler clair cōme d'vn chastré, & neāt-
moins enrumé, & de parler rauce, se faisant appeller la
perle, aussi ingenieux ».
Pyrole, dit Pyrolet (avec une ou deux l), d'origine gas-
conne, avait dirigé l'attaque contre Troyes le 11 septembre
1590. Fait prisonnier en avril 1592, il fut massacré à la fin
de mai. On n'est pas fixé sur sa personnalité. M. A. Prévost
dit qu'il s'appelait peut-être Denis ; le *Mémoire des choses
plus notables advenues dans la province de Champagne*,
édité par Hérelle (p. 109), le nomme Pérelle ; d'autre part,
Hérelle (*La Réforme et la Ligue en Champagne*, t. II, p.
331) mentionne un Arnaud de Castandit, surnommé le ca-

pitaine Pyrolles, qui était au siège de Sainte-Menehould en
1590 et paraît être le même que celui de Troyes, avec qui
on peut encore identifier « le capp^ne La Perrolle » de la
« compaignie du cappitainne Custod... », qui fut blessé à
la cuisse droite au siège de Pontoise en juillet 1589 (H. Le
Charpentier, *La Ligue à Pontoise*, p. xxiii), où il faisait partie de l'armée royale assiégeante.

Laperle : « Ung soldat nommé La Perle », du régiment
de la Garde, fut blessé à la poitrine au siège de Pontoise
(*Ibid.*, p. xxvi). Est-ce de lui que les Troyens avaient
peur ?

177. — Tradvction d'vne lettre enuoyee à la Roine d'Angleterre par son Ambassadeur, surprise pres de Moüy par la
garnison du Haure de grace. — Cul-de-lampe à pendentifs.
— *A Troyes. Par Iean Moreau M. Imprimeur du Roy. Auec
Priuilege dudict Seigneur.* — M.D.LXXXXI.

8 pp. ch.

Bibl. nat., Lb^35. 362.

15 juin 1591.

De quel Moüy s'agit-il ici ? Il y en a trois dans le Puy-
de-Dôme et deux en Seine-et-Marne qu'il faut écarter ; puis
Mouy-de-l'Oise (Oise, arrond^t de Clermont), bien éloigné
aussi du Havre ; enfin, M. Edouard Pelay me signale, d'après
le manuscrit du *Dictionnaire topographique de la Seine-
Inférieure*, laissé inachevé par M. de Beaurepaire, un Moüy,
fief uni au marquisat de Miromesnil, commune de Tour-
nilly-sur-Arques, canton d'Offranville, arrond^t de Dieppe,
et un autre à Bailly-en-Rivière, canton d'Envermeu, même
arrond^t, mais tous deux sont encore situés à plus de 40
kilomètres du Havre, et il paraît difficile d'admettre que la
garnison de cette ville se soit aventurée en corps jusque là,
laissant son poste dégarni. Si le fait est exact, il s'agit sans
doute d'une pointe poussée par quelques soldats hors du
rayon de protection de la ville.

Maintenant, le fait est-il exact ? M. Edouard Fournier,
qui reproduit cette pièce d'après une édition lyonnaise de
Jean Pillehotte (*Variétés historiques et littéraires*, t. IV, p.
353-359) dont le titre offre cette variante du nôtre : « surprise près *le* Moüy », dit ceci : « Elle est curieuse, et les
détails qui s'y trouvent semblent vrais ; je la crois pourtant

supposée, n'ayant pu découvrir quel est le Walshingham à qui on la prête [elle est signée Valsinghan et datée de Caen, 15 juin 1591]. Celui qui fut longtemps ambassadeur d'Elisabeth près du roi de Navarre était mort au printemps de 1590 (Lingard, t. 8, p. 441), et je n'ai point de preuves qu'un autre personnage de son nom l'eût remplacé. C'est Unton qui représentait alors la reine d'Angleterre près de Henri IV (*Id.*, p. 436). »

178. — Response à la lettre d'vn excommvnie. Touchant la création de leur Caliphe, ou Patriarche. — Cul-de-lampe à pendentifs. — *A Troyes. Par Iean Moreau M. Imprimeur du Roy. Auec Priuilege dudict Seigneur.* — M.D.LXXXXI.
15 pp. ch.
Bibl. de Troyes, Supplément général, p. 540.
Cette pièce, signée : L. A. S. G. et datée du 24 juillet 1591, est adressée « a vn certain politique » ; elle est écrite contre Henri IV en tant qu'hérétique.

179. — Discovrs veritable de la delivrance miraculeuse de Monseigneur le Duc de Guyse, nagueres captif au Chasteau de Tours. Iouxte la copie imprimee à Paris, sur celle de Bourges. Auec les particularitez faictes en la reception dudict Seigneur, en ladicte ville de Bourges. — Cul-de-lampe à pendentifs. — *A Troyes, De l'Imprimerie de Iean Moreau, M. Imprimeur du Roy. Auec Priuilege dudict Seigneur. S. d.*
24 pp.
Bibl. nat., Lb[35]. 369 B.
L'évasion de Charles de Lorraine, 4e duc de Guise (1571-1640), eut lieu le 15 août 1591.
P. 21, Particularitez touchant la reception de Mgr de Guyse (extrait d'une lettre datée du 25 août).

180. — Exhortation, faicte av pevple en l'eglise cathedrale de Troyes, à la reception des bonnes nouuelles, de la delivrance de tres-genereux Prince Charles de Lorraine, Duc de Guyse. Par M. Estienne Faulconnier, Docteur en Theologie. — Cul-de-lampe à pendentifs. — *A Troyes. Par Iean Moreau M. Imprimeur du Roy. Auec Priuilege dudict Seigneur.* — M.D.LXXXXI.

12 pp. n. ch.

Bibl. nat., Lb[35]. 371.

P. 2, Av Lectevr ; p. 12, In feliciss. Caroli Guisij ereptionem Epigramma (12 vers latins).

Des exemplaires de cette pièce renferment, entre le 1er et le 2e feuillet, un carton de deux pages contenant une épître-dédicace à Claude de Bauffremont, évêque de Troyes. 27 août 1591. (Bibl. nat., Lb[35]. 371 a.)

Etienne Faulconnier avait été nommé chanoine de l'église de Troyes par l'évêque Claude de Bauffremont. Après la reddition de la ville à Henri IV, il s'attira des reproches pour ses prédications imprudentes contre le roi (*Lettres de M. de Dinteville,* publiées par M. E. de Barthélemy dans la *Revue de Champagne et Brie,* t. XIII, p. 65).

181. — Le Duc de Guyse, Prince de Ioinville, Pair, & grand Maistre de France, Gouuerneur & Lieutenant general és Prouinces de Champaigne, Brie et Sens... — *S. l. n. d.*

Pl. in-plano.

Arch. mun., layette 20, pièce 73.

Ordonnance « pour donner vn bon ordre & reiglement aux affaires de... ceste ville capitalle... 12 octobre 1591. Signée : Le Dvc de Guyse.

« Leu, crié & publié » le 15 octobre.

Belle initiale L gothique et grande L, toutes deux à fonds criblé, de Jean Moreau.

1592

182. — Le Gvysien ov Perfidie tyrannique commise par Henry de Valois es personnes des illustriss. reuerendiss. & tresgenereux Princes Loys de Loraine Cardinal, & Archeuesque de Rheims, & Henry de Loraine Duc de Guyse, grand Maistre de France. A Tres vertueux & honorable homme Nicolas Dehavlt Président des Tresoriers, & Maire de la ville de Troyes. Par Simon Belyard, Vallegeois.

In otio negotium.

Il n'est besoin, liuret, il n'est besoin de dire
Que tu as esté fait en quinze, ou seize iours.
Assez-tot le verra l'enuieux, qui tousiours
De l'aymable vertu ne cherche qu'à médire.

*Preciosa in conspectu domini mors sanctorum
eius. Psal. 116.*

— *A Troyes. De l'imprimerie de Iean Moreau, M. Imprimeur
du Roy. Auec permission.* — M.D.LXXXXII.

In-8 de 18 pp. lim. n. ch. et 78 pp. ch. Notes marginales.

Bibl. de Châlons, réserve (fonds Plicot) : exemplaire du duc de la Vallière, puis de A.-A. Renouard.

Tragédie en cinq actes, en vers ; c'est un libelle des plus injurieux contre la mémoire de Henri III.

P. (2), Av Lectevr ; p. (3-6), A Monsievr Monsievr le President des Tresoriers & Maire de la ville de Troyes... S, Belyard ; p. (7-10), Av mesme (vers latins); p. (10-12), In invidvm svper sus Anagrammate Elegia. Suivent différentes pièces de vers, en latin et en français, signées M. E. P. P., C. Angenost Troyen, Pierre Bvdier Vallegeois, Edmond Merille, Antoine Gautherot, Nicolas Pinette.

Les pages 70 à 78 sont également remplies d'anagrammes ·et autres pièces.

Nicolas Dehault, qui fut maire de 1582 à 1592, était né à Sommevoire (Marne) en 1529. Seigneur de Lignol, receveur des décimes du diocèse, contrôleur général des fortifications de Champagne, trésorier et favori du duc de Guise, il aida puissamment à l'entrée et au séjour des Ligueurs à Troyes : aussi en fut-il banni lors de la réduction de 1594. Epoux de Anne Bazin, il était (lui ou son père ?) surnommé Gobelet. (Boutiot, *Hist. de Troyes* ; A. Prévost, *La Ligue.*)

Je ne sais rien de Simon Belyard, « Vallegeois », c'est-à-dire originaire du Vallage, région de la Champagne méridionale, dont Bar-sur-Aube est la ville principale.

M. E. P. P. : inconnu.

C. Angenovst : peut-être Christophe Angenoust, marchand, maire de Troyes de 1556 à 1558.

Pierre Budier, Vallegois : aussi inconnu que son compatriote Belyard.

Un Edme Merille, avocat au bailliage de Troyes, fut père, sur la paroisse Sainte-Madeleine, le 7 mars 1579, du jurisconsulte Edmond Merille. C'est lui, sans doute, l'auteur des vers qui accompagnent le *Guysien* ; son fils, si bien doué qu'on le suppose, était encore un peu jeune en 1592 pour les avoir écrits et fait apprécier. La différence de finale du prénom, différence qui n'existe pas en latin, ne fait rien en la circonstance. .

Antoine Gautherot : inconnu.

Nicolas Pinette : des Claude Pinette furent conseiller de ville, maire, procureur du roi à Troyes pendant la Ligue ; un Pinette figure parmi les assaillants du 17 septembre 1590 (*Discours*, éd. de 1850, p. 14), mais je n'ai pas trouvé de Nicolas Pinette.

183. — Charlot eglogve pastorelle sur les miseres de la France, & sur la tresheureuse & miraculeuse deliurance de tresmagnanime & tresillustre Prince Monseigneur le Duc de Gvyse A Venerable & discrete personne, Messire Iean Dehavlt Archidiacre en l'Eglise Cathedrale de sainct Pierre Par Simon Belyard, Vallegeois.

In otio negotium.

Pasquin du Psalme 116 : Dirupisti vincula &c.

> Tu m'as de prison retiré,
> Seigneur ; ie t'en presenteré
> Vne tresagreable hostie,
> Te sacrifiant l'heresie :
> Puis ton saint nom ie chanteré.

— *A Troyes. De l'imprimerie de Iean Moreau, M. Imprimeur du Roy. Auec permission.* — M.D.LXXXXII.

8 pp. lim. n. ch. et 33 pp. ch. Notes marginales.

Bibl. de Châlons, à la suite du *Guysien*.

P. (2-6), A Monsievr Monsievr le Grand Vicaire de Monsievr de Troyes... S, Belyard ; p. (6-8), Av mesme (vers latins) ; p. (8), deux pièces de vers, dont une de « Petrvs Bvderivs » ; p. 23-32, nombreux anagrammes, sonnets, quatrains, etc., en latin et en français.

184. — 🙣 Le Duc de Gùyse, Pair & grand Maistre

de France, Gouuerneur & Lieutenant general en Champaigne & Brye... — *S. l. n. d.*

Gr. in-4°.

Bibl. nat., F. 3. 18293.

Ordonnance défendant de troubler les marchands de Troyes
dans leur trafic. 16 octobre 1592.

« En janvier 1593, Langres et Chaumont traitent avec le
duc de Lorraine pour rétablir la liberté du commerce, et
Chaumont conseille aux Troyens d'accepter ce traité. Le
Conseil le repousse, parce qu'il ne s'applique pas à toute la
province, et que Troyes, à cause des places fortes dont la
ville est entourée, n'aurait aucune sécurité dans les transac-
tions. » (Boutiot, *Hist. de Troyes*, t. IV, p. 221 ; reproduit
par Poinsignon, *Hist. générale de la Champagne et de la
Brie*, t. II, p. 322, et par A. Prévost, *La Ligue*, p. 251.)
On voit cependant qu'une entente avait été précédemment
conclue entre le chef de la Ligue et les Troyens.

185. — De par Monseigneur le Duc de Mayenne,
Lieutenant general de l'Estat Royal & Couronne de France.
Mondit Seigneur... — *S. l. n. d.*

Pl. in-plano.

Arch. mun., P. Ier, pièce 19.

Ordonnance pour la police des gens de guerre. 27 décembre 1500. — Confirmation par le duc de Guyse. Reims, 20
décembre 1592.

Initiales M et D de la grande série à fonds criblé, de Jean
Moreau.

186. — Arrest de la Cour de Parlement contre certain
prétendu arrest donné à Chalons, sur le faict des bulles de
la légation. — *Troyes, Iean Moreau,* 1593. G[d] in-8 de
8 pp.

Fiche E. Socard, à la Bibl. de Troyes.

Je ne connais pas d'exemplaire imprimé de cette curieuse
pièce, qui existe aux Archives nationales sous la cote X[1a].
1721, fol. 282 v°, selon une aimable indication de M. Henri
Stein (l'arrêt de la cour de Châlons, du 10 juin 1591, s'y
trouve aussi : X[1a]. 9261, fol. 199).

La date de cet arrêt est 8 juillet 1591. Elle a été très

diversement indiquée, jusqu'ici, par les historiens. Si le *Recueil des anciennes lois françaises* (t. XV, p. 21) et Hérelle (*La Réforme et la Ligue en Champagne*, t. II, p. 389-390) lui attribuent bien celle du 8 juillet, P. de L'Estoile (éd. Jouaust, t. V, p. 107) donne 17 juillet (avec exécution le 18), que Fournier (*Variétés historiques et littéraires*, t. IV, p. 354) transforme en 17 juin ; Victor Cayet (*Chronologie novenaire*) dit 8 août ; enfin, selon de Thou (*Hist. univ.*, t. XI, p. 372), rendu le 8 août, il fut mis à exécution le 18 du même mois… Grâce à la découverte de l'original, cette date est désormais fixée.

187. — Le Duc de Guyse, Pair & grand Maistre de France, Gouuerneur & Lieutenant general, en Champaigne & Brye. — *S. l. n. d.*

Pl. in-plano.
Arch. mun., recueil P. Ier, pièce 21.
Ordonnance pour les monnaies. 22-29 janvier 1593.

188. — Proposition de Messieurs les Princes, Prelats, Officiers de la Couronne, Seigneurs, Gentils-hommes & autres Catholiques estans du party du Roy de Nauarre. Auec la Response de Monseigneur le Duc de Mayenne, Lieutenant general de l'Estat Royal & Couronne de France, Messieurs les Princes, Prelats, Seigneurs & Deputez des Prouinces assemblez à Paris. — Cul-de-lampe à pendentifs. — *A Troyes. De l'imprimerie de Iean Moreau, M. Imprimeur. Auec permission* — M.D.XCIII.

16 pp. ch.
Bibl. de Troyes, Catal. loc. 5030.
La Proposition est du 27 janvier 1593, la Réponse du 4 mars.

189. — 17 || Extraict des Registres || de Parlement. — *S. l. n. d.*

In-4° de 2 pp. paginées 17-18 et 1 f. bl. (sign. D).
Bibl. de Troyes, Catal. loc., n° 2079 ; Arch. mun., recueil P. Ier, pièces 22 et 22 bis.
Relatif au privilège et permission d'arrêt concédé aux habitants de Troyes, par Charles VI, en février 1419, con-

firmé par Charles VIII en 1483 et par François Ier en 1542
(Boutiot, *Hist. de Troyes*). 2 juillet 1593.

J'ignore de quel ensemble ce cahier terminal fait partie
et s'il a été imprimé à Troyes.

190. — Le Prince de Ioinville, Lieutenant general
au Gouuernement de Champaigne & Brye, en l'absence de
Monsieur le Duc de Guyse, nostre frere. — *S. l. n. d.*
Pl. in-plano.
Arch. mun., recueil P. 1er, pièce 23.
Ordonnance pour la garde et sûreté de la ville. 27 juillet
1593. Signée : Clavde de Lorraine. — Publiée le 29 juillet.
Grande initiale I à fonds criblé, de Jean Moreau.

191. — Articles accordez povr la Tréue generale.
— Cul-de-lampe à pendentifs. — *A Troyes De l'imprimerie
de Iean Moreau M. Imprimeur. Auec permission.* — M.D.
LXXXXIII.
22 pp. ch. et 1 f. bl.
Collection de l'auteur.
31 juillet 1593. Lu et publié à Troyes les 11 et 12 août.
Grandes initiales Q et O, à fonds criblé, de Jean Moreau.

192. — Discovrs et Rapport veritable, de la Conference
tenve entre les Deputez de la part de Monsieur le Duc de
Mayenne, Lieutenant general de l'Estat & Coronne de
France, Princes, Prelats & Estats generaux assemblez à
Paris : Auec les Deputez de Messieurs les Princes, Prelats,
Seigneurs & autres Catholiques estants de party du Roi de
Nauarre. — Armes de France. — *A Troyes, Par Iean Oudot,
demeurant en la Ruë nostre Dame : Iouxte la coppie Impri-
mée à Paris, par Federic Morel. Auec Permission.* 1593.
266 pp. n. ch. et 1 f. bl. au recto duquel sont les armes
de France. Notes marginales.
Bibl. de Troyes, Catal. loc., n° 5044 ; Bibl. nat., Lb[35].
479 c ; Bibl. du château de Brienne (Aube).
Les actes publiés dans ce volume vont de décembre 1592,
Déclaration fixant la date des Etats généraux, au 8 août
1593, jour de leur clôture. L'analyse s'en trouve dans le
Recueil des anciennes lois françaises, t. XV.

193. — De l'ordonnance des Maire & Escheuins de la ville de Troyes. — *S. l. n. d.*

Pl. in-folio.

Arch. mun., recueil P. 1er, pièce 24.

Contre les brelans et les déprédations causées aux ouvrages de défense. 25 octobre 1593.

194. — Continvation de la treve generalle, ivsqves au premier iour de Ianuier prochain. — Cul-de-lampe à pendentifs. — *A Troyes. De l'Imprimerie de Iean Moreau M. Imprimeur.* — M.D.LXXXXIII. *Auec permission.*

8 pp. ch.

Bibl. nat., Lb[35]. 495.

Le titre de départ, p. 3, est ainsi conçu : « Coppie de la lettre de Mon-Seignevr le dvc de Mayenne, Lieutenant General de l'Estat Royal & Couronne de France, pour la continuation de la Tréue generalle, iusques au premier iour de Ianuier prochain. » C'est un mandement adressé au duc de Chevreuse et daté du 12 novembre 1593.

1594

195. — Intimidations faictes par le Dvc de Sessio, Ambassadeur du Roy d'Espaigne, pour destourner le Pape de la bonne volonté qu'il auoit de receuoir Hēry IIII. de ce nom, Roy de France & de Nauarre, au giron de l'Eglise. — Armes de France. — ¶ *Imprimé à Troyes, chez Iean Oudot. Iouxte la coppie Imprimée à Lyon, par Benoist Rigaud.* M.D.XCIIII. *Auec Permission.*

11 pp. ch., armes de France aux deux pp. suivantes et 3 pp. bl.

Bibl. nat., Lb[35]. 517A.

Le duc de Sessa (et non Sessio) avait remplacé en 1591 le comte d'Olivarez comme ambassadeur de Philippe II à Rome. (De Thou, *Hist. univ.*, t. XI, p. 45.)

196. — Lettres de Monseigneur le duc de Nevers, Gouverneur pour le Roy en Champaigne & Brie. — *Troyes,* 1594. In-8.

Lelong, *Bibl. de la France*, éd. 1779, n° 19581. Je n'en connais pas d'exemplaire.

Le duc de Nevers était alors Louis de Gonzague (1539-1595).

197. — Reglement de la Cour des Monnoyes. Par lequel il est enjoint de prendre les Douzains, fabricquez en la Monnoye de la Ville de Troyes, qu'autres monnoyes royalles. — *A Troyes, de l'Imprimerie de Iean Moreau, 1594.*

8 pp.

Fiche de M. E. Socard. Je n'en connais pas d'exemplaire.

198. — Le Duc de Guyse, Pair, grand Maistre de France, Gouuerneur & Lieutenant general, au pays de Champagne & Brye. — *S. l. n. d.*

Pl. in-folio.

Arch. mun., BB., 14e carton, 3e liasse.

Grande S initiale à fonds criblé, de Jean Moreau.

Confirmation d'une ordonnance rendue précédemment pour la liberté et sécurité du commerce de la ville, qui était entravé par les gens de guerre et autres. 7 mars 1594. — Publiée les 7 et 8 mars.

199. — Devx lettres dv Roy, envoyees avx Maire, Escheuins, & habitans de la ville de Tours. Sur la reduction des villes de Roüen, Troyes, & Auxerre (1er avril 1594). — *Tours, impr. de Iamet Mettayer, 1594.*

8 pp. ch.

Bibl. nat., Lb35. 557.

200. — Lettres patentes dv Roy, à ce que tovs comptables, tant ordinaires que extraordinaires, & Commissionnaires, ayent à venir compter en la Chambre des Comptes dans trois mois apres la publication des presentes, sur les peines y contenues. — Armes de France. — *A Troyes, Par Iean Griffard, chez la veufue Nicolas du Ruau, en la Rue Nostre Dame, pour Iean Collet, Libraire. 1594. Auec Priuilege du Roy.*

8 pp. ch.

Bibl. nat., F. 46893 (13).
1ᵉʳ avril 1594.

201. — Declaration dv Roy sur autre precedente dv xxvii. iour de Decembre dernier passé. Pour r'appeler tous ses subjects à sa grace & clemence, & à vne generale reconciliation & vraye reünion soubs l'obeissance de sa Majesté. Publiée en sa Cour de Parlement de Paris, le sixiesme iour d'Apuril, 1594. — Armes de France. — *A Troyes. De l'Imprimerie de Iean Moreau, M. Imprimeur. — 1594. Auec priuilege du Roy.*

8 pp. ch.
Bibl. nat., F. 46893 (15).
4 avril 1594.

202. — Extraict des registres de parlement. Pour le recouurement des meubles vendus, depuis le vingt quatriesme Decembre, mil cinq cens quatre-vingts & huict, iusques au xxij. Mars dernier, 1594. — Armes de France. — *A Troyes, Par Iean Griffard, chez la veufue Nicolas du Ruau, en la Rue Nostre Dame, pour Iean Collet, Libraire. 1594. Auec priuilege du Roy.*

7 pp. ch.
Bibl. nat., F. 47083 (31).
28 avril 1594. — Publication à Paris, 12 mai.

203. — Lettres patentes dv Roy, svr la convocation du Ban & Arriereban, de sa Gendarmerie. — Armes de France. — *A Troyes, Par Iean Griffard, chez la veufue Nicolas du Ruau, en la Rue Nostre Dame, pour Iean Collet, Libraire. 1594. Auec Priuilege du Roy.*

14 pp. ch. et 1 f. bl. au verso duquel est l'écusson du titre.
Bibl. nat., F. 46893 (20).
29 avril 1594.

204. — Arrest dv Conseil d'estat du Roy, pour la remise des Tailles. — Armes de France. — *A Troyes, Par Iean Griffard, chez la veufue Nicolas du Ruau, en la Rue*

*Nostre Dame, pour Iean Collet, Libraire. 1594. Auec Priui-
lege du Roy.*
 7 pp. ch.
Bibl. nat., F. 47025 (16).
30 avril 1594.

205. — Copie de Certaines Lettres escriptes par Monsei-
gneur le Dvc de Nyvernois, Prince de Mantoue, Pair de
France, Gouuerneur pour le Roy és pays de Champaigne &
Brye : Auec autres Lettres de Messieurs les Maire et Escheuins de la ville de Troyes, A Messieurs de la ville de Reims.
— Cul-de-lampe. — 1594. *S. l.*
 28 pp. ch.
Bibl. nat., Lb^{35}. 564.
Cette pièce ne semble pas avoir été imprimée à Troyes.
 P. 3-13, lettre non signée ni datée, servant de présenta-
tion aux suivantes ; p. 14-20, lettre du duc de Nevers, indiquée comme étant du 5 mai 1594 au titre et datée en fin de
La Cassine, 3 mai, date que donne d'ailleurs aussi la lettre-
préface ; p. 21-22, lettre du duc, Rethel, 7 mai ; p. 23-28,
lettre des maire et échevins de Troyes à Messieurs de Reims,
11 mai.

206. — Advertissement à tovs Francois d'obeir et recognoistre povr levr roy tres-chrestien Henry IIII. à l'imita-
tion de la grande ville, & principalement de la Sorbone, &
generalement de toute l'vniuersité de Patis (*sic*). Par M. René
Benoist Docteur en Theologie, Confesseur du Roy, & nommé
par sa Majesté à l'Euesché de Troyes. — Bois gravé du
n° 106. — *A Troyes. De l'Imprimerie de Iean Moreau,
M. Imprimeur. — 1594. Auec Priuilege du Roy.*
 15 pp. ch.
Bibl. nat., Lb^{35}. 596.
P. 2, Epître à Mgr prince Charles de Bourbon. 25 mai
1594.
René Benoist, curé de Saint-Eustache de Paris, dit « le
pape des Halles », avait été le confesseur du roi la veille de
son abjuration. Il en reçut le 29 septembre 1593 l'évêché de
Troyes, qu'il garda jusqu'en 1604 mais où il résida peu et
pour lequel la cour de Rome ne lui accorda jamais ses bulles
de nomination. — Les bibliographes le font tous naître en

1521 ; cependant L'Estoile (éd. Jouaust, t. IX, p. 54-55) dit qu'il avait 83 ans lors de sa mort, arrivée le 7 mars 1608, quoique Cayet lui en donnât 87.

207. — Catéchèse et Instruction chrestienne et necessaire en ce temps desbordé et libertin, touschant les vestemens, les ornemens et les parures des femmes et filles chrestiennes, etc. — *Troyes?* 1594.

Cet ouvrage, selon Nicole Pithou, a été publié, sur la fin du mois de juin 1594, par l'évêque René Benoist, à l'adresse des Troyens, qui « suivoient tousjours leur vie accoustumée. Les femmes et les filles mesmes se vautroient toujours dedans leurs ordures... ». L'Epître qui précède est adressée au duc de Nivernais. Cette « Catechèse est, à vray dire, comme ung abbrégé des désordres et dissolutions qui pour lors avoient la vogue entre les femmes et filles Troyennes. » (*Histoire ecclésiastique de l'Eglise réformée de Troyes.*)

René Benoist avait déjà écrit une *Cathéchèse et instruction touchant les ornemens, vestemens et parures des femmes chrestiennes...* (Paris, N. Chesneau, 1573), qui se trouve à la Bibliothèque nationale, D. 25684 (2).

208. — Declaration du Roy, sur le payement des arrerages des Rentes. Publie en Parlement l'onziesme iour d'Aoust, mil cinq cens quatre vingts quatorze. — Armes de France et de Navarre. — *A Troyes. Pour Iean Collet, Imprimeur du Roy demourant en la Ruë Nostre Dame, deuant l'Orange d'Or. Auec Priuilege de sa Majeste. S. d.*

12 pp. ch. et 1 f. bl. au verso duquel est l'écusson de France.

Bibl. nat., F. 46894 (15).

8 juillet 1594.

209. — Edict et declaration dv Roy, svr la Redvction de la ville de Troyes, soubs son obeyssance. — Armes de France et de Navarre. — *A Troyes, Par Iean Ovdot Imprimeur du Roy, demeurant en la ruë nostre Dame.* 1594. — *Auec Priuilege dudict Seigneur.*

24 pp. ch.

Bibl. de Troyes, Coll. Mitantier, F. 7. 97/120 ; Bibl. nat., F. 46893 (5) et Fz. 2275.

Avril 1594. Publié à Troyes les 22 et 23 août.

Cet édit est reproduit dans le *Recueil des edicts et articles accordez par le Roy Henri IIII. pour la ré-vnion de ses subiects.* Imprimé l'An de Grace 1601 (fol. 32-37).

Voir l'article suivant, édition de Pierre Chevillot.

210. — Edict et declaration dv Roy, svr la Redvction de la ville de Troyes, soubs son obeyssance. — Armes de France et de Navarre. — *A Troyes, Par Pierre Chevillot l'imprimeur du Roy. 1594. — Auec Priuilege dudict Seigneur.*

31 pp. ch.

B bl. nat , F. 45893 (6).

Vc'r l'article précédent, édition de Jean Oudot.

211. — Le Testament de la Ligue. — *Troyes, 1594.*

« ... En août [1594], les ligueurs, sachant que l'on imprimait le Testament de la Ligue et les ordonnances du roi sur la reddition de la ville, se portèrent, masqués, une cinquantaine d'entre eux, chez l'imprimeur, et brûlèrent les presses pendant que d'autres placardaient aux maisons habitées par MM. Damours et de Dinteville, des libelles diffamatoires... » (Boutiot, *Histoire de Troyes*, t. IV, p. 246.)

Le *Testament de la Ligue* est une pièce de vers qui se retrouve dans la *Satyre Ménippée*. Peut-être était-elle l'œuvre du Troyen Jean Passerat (1534-1602), à qui les vers contenus dans ce célèbre ouvrage sont attribués concurremment à Nicolas Rapin ; cela expliquerait un peu son impression dans la ville, à l'exclusion d'autres parties de la *Satyre.*

Tous les exemplaires de cette édition troyenne semblent avoir disparu.

C'est bien sûr à propos des mêmes impressions que s'émut l'autorité religieuse. Déjà, le mardi 31 mai 1594, le chapitre de la cathédrale avait décidé de : « A la requeste, poursuyte et diligence du sindic ou du promoteur, faire appeller et citer par deuant Mons. l'official tous les imprimeurs de ceste ville à ce que deffenses leur soient faictes de n'imprimer aucune chose qui concerne la religion sans auoir premièrement congé et permission du Chapitre, le siège épiscopal vacant. » (Arch. dép., reg. G. 1291, fol. 323 r°.)

Puis, le vendredi 7 septembre 1594 : « Monsr le doyen,

avec messieurs noz maistres, ont esté priez de communiquer avec mons^r Damours touchant les imprimeurs de ceste ville qui impriment et débitent quelques livres qui sont contre l'honneur de Dieu et de son église et contre l'authorité du St Siège et du St Père, affin qu'il soit ordonné à Monsr le procureur du Roy de faire deffences expresses auxd. imprimeurs de n'imprimer, vendre ni débiter aucune chose qui soit contraire à la religion catholique, apostolique et romaine, ou à faulte de ce faire le prient de ne trouuer mauuais se mesd. sieurs se transportent aux maisons et imprimeries pour en faire la perquisition et user de leur authorité. » (Arch. dép., reg. G. 1291, fol. 346 r°).

Pierre Damours, conseiller du roi, superintendant de Champagne, fut à ce titre chargé de la justice et police de Troyes.

212. — Edict dv Roy svr la revnion de Monseigneur le Dvc de Guyse, de Messeigneurs ses freres, de la ville de Rheims, & autres villes & Chasteaux en l'obeyssance de sa Majesté. — Armes de France et de Navarre. — *A Troyes, Chez Iean Oudot, Imprimeur du Roy. 1594. Auec Privilege dudict Seigneur.*

24 pp. ch.
Bibl. nat., F. 46895 (14).
Novembre 1594.

213. — Extraict des Registres de Parlement (à propos de Jean Chastel et des Jésuites). — *Troyes, Jean Collet.*
29 décembre 1594.

Reproduit par Grosley dans son *Mémoire pour servir de supplément aux Antiquités ecclésiastiques du diocèse de Troyes par M. N. Camuzat* (éd. 1750, p. 117-121), « sur un Exemplaire imprimé à Troyes, chez Jean Collet Rue N. D. » — Je n'en ai pas trouvé l'original.

1595

214. — Admonition et Increpation apologetique contre ceux qui malicieusement ou trop legieremēt et imprudēm-

ment calomnient les vns Nostre S. Pere le Pape et les autres nostre Roy Tres-Chrestien, touchant sa conuersion, sa benediction et sa reconciliation a l'Eglise Catholique, Apostolique et Romaine. Par M. René Benoist. — *A Troyes, Par Jean du Ruau*, 1595. In-8 de 35 ff., cart.

Catalogue de la vente de Lignerolles (1895), t. III, 4° partie, n° 1554.

Cette pièce serait de Jean du Ruau fils.

215. — Factio Gallica versibus ferè Virgilîanis. Ac. Troiæ Gallicæ obsidio. Anno. 1590. Et deditio 1594. Qui Phrigiæ excîdit Troiæ Maro mœnia versu, Obsidet & Gallæ mœnia restituit. — 1595.

In-8 de 40 pp.

Bibl. de Troyes, Catal. loc., n° 2078.

Il ne semble pas que ce poème, qui célèbre la tentative du 17 septembre 1590 et la reddition du 5 avril 1594, ait été imprimé à Troyes.

P. 36-40, Stances (en français) sur la réduction de Paris.

216. — Exortation de prier Dieu eternel povr nostre Roy tres-chrestien Henri IIII.⁶·; Auec vne charitable increpation, de ceux qui ne prient pour luy, ains ils en retirent les autres, tant par parole schismatique, que par leurs mauuais exē-ples auec vu (*sic*) grand scandale beaucoup punissable de punition publique, & d'amende honorable. Par M. René Benoist, Confesseur du Roy, & nommé par sa Majeste à l'Euesché de Troyes. — Fleuron. — *A Troyes. De l'Imprimerie de Iean Moreau, M. Imprimeur. — 1595. Auec Priuilege du Roy.*

32 pp. ch.

Bibl. de Troyes, Catal. loc., n° 5031.

Cette « Exortation » est précédée d'une adresse « Aux Catholicques fideles seruiteurs de Dieu, & du Roy » et suivie de Prières pour le Roi.

217. — Quadri-partit. Contenant qvatre charitables et notables Aduertissemens, pour appaiser Dieu, & auoir vne paix bonne & asseurée. 1. Pour le Peuple. 2. Pour les Ecclesiastiques. 3. Pour la Noblesse. 4. Pour les Magistrats. Par

M. René Benoist, Docteur en Theologie, Confesseur du Roy, Conseiller de son estat, & nommé par sa Majesté à l'Euesché de Troyes. — *A Troyes. De l'Imprimerie de Iean Moreau, M. Imprimeur.* — 1595. *Auec Priuilege du Roy.*

51 pp. ch.

Bibl. nat., Lb[35]. 663.

218. — Declaration du Roy, || Contenant reglement pour le || payement des Rentes. || Armes de France et de Navarre. || *A Troyes,* || *Chez Iean Collet, Imprimeurs* (sic) || *ordinai-res* (sic) *du Roy : demeurant* || *en la rüe nostre Dame.* || 1595. || — || *Auec Priuilege dudict Seigneur.*

12 pp. ch., 1 p. contenant l'écusson de France, 3 pp. bl.

Bibl. de Châlons.

16 avril 1595.

L'orthographe des mots « Imprimeurs ordinaires » dans cette pièce, donne à penser qu'il y eut des exemplaires signés conjointement par Jean Collet et Pierre Chevillot.

P. 3, tête de chapitre aux enfants becquetés, H ornée.

219. — Declaration du Roy, || contenant reglement || pour le payemēt des Rentes. || Armes de France et de Navarre. || *A Troyes, chez Iean Collet, demeurant en la rue no-||stre Dame.* || *M. DXCV.* || *Auec Priuilege dudict Seigneur.*

12 pp. ch., 1 p. contenant l'écusson de France, 3 pp. bl.

Bibl. nat., F. 46896 (25).

Autre édition de la Déclaration décrite sous le numéro précédent.

P. 3, tête de chapitre aux enfants becquetés, H ornée.

220. — Brief Discours du Siege mis par l'Armee Espagnole deuant la Ferté sur Cher, de leur routte & des-faite. Par Monsieur le Mareschal de Buillon. — Grand cul-de-lampe. — *A Troyes, Chez Iean Collet, Imprimeur ordinaire du Roy.* — 1595.

7 pp. ch.

Bibl. nat., Lb[35]. 620 A.

Les Espagnols, commandés par Verdugo, « cy deuāt Gou-uerneur de Frize », ayant attaqué la Ferté-sur-Chiers (Ardennes, canton de Carignan, arrond. de Sedan) le 24 mai 1595, le maréchal de Bouillon vint de Stenay au secours de la place, battit les assiégeants et les obligea de se retirer. 24 mai-1er juin.

Le Maréchal de Bouillon : Henry de la Tour d'Auvergne, vicomte de Turenne (1591-1623).

221. — La Deffaicte de hvict cens Chevaux, et quatre Cens Harquebuziers Espagnols aupres de Gray, Le douziesme iour de Iuillet, Mil cinq cens quatre vingt quinze. — Cul-de-lampe. — *A Troyes, Chez Iean Collet, Imprimeur ordinaire du Roy, demeurant en la ruë nostre Dame.* 1595. — *Auec Priuilege dudict Seigneur.*

8 pp. ch.
Bibl. nat., Lb³⁵. 633.
Lettre datée du 13 juillet.

222. — Considerations notables povr les chrestiens malades, contre les pernicieuses coustumes, & les diaboliques persuasions, de ceux qui ne veulent en leurs maladies receuoir les Sacremens qu'en l'extremité, D'où vient la mort, de l'ame & du corps, en plusieurs. Par M. René Benoist, Docteur en Theologie, Confesseur du Roy, Conseiller de son estat, & nommé par sa Majesté à l'Euesché de Troyes. — Petit fleuron. — *A Troyes. De l'Imprimerie de Iean Moreau, M. Imprimeur.* — 1595. *Auec Priuilege du Roy.*

36 pp. ch. (complet ?).
Bibl. nat., D. 25695.
P. 3, A l'Eglise de Troyes... Troyes, 7 août 1595; p. 6, Considerations notables...; p. 33, Aduertissement; p. 35, Aduertissement contre les danses, allumettes de paillardise.

223. — Lettres de Monseignevr de Nevers pair de France, Gouuerneur & Lieutenant general en ses pays de Champaigne & Brye. Sur la conuocation du Ban & Arriereban, de la Gendarmerie. — Armes de France et de Navarre. — *A Troyes, Chez Iean Collet, Imprimeur du Roy.* 1595. — *Auec Priuilege dudict Seigneur.*

8 pp. ch.
Bibl. nat., F. 47158 (2).
Saint-Quentin, 22 août 1595. Lvdovico Gonzague.
P. 3, tête de chapitre aux enfants becquetés, lettre N ornée; p. 6, Publication à Troyes le 28 août; p. 7, Mande-

ment de Charles de Choiseul, lieutenant aux bailliages de Troyes et Sens, en l'absence de MM. de Nevers et Dinteville, bailli de Troyes, pour la publication de ces lettres. Troyes, 28 août.

224. — Articles accordez par le Roy, pour la Trefue generale du Royaume de France. — Armes de France et de Navarre. — *A Troyes, Chez Iean Collet, Imprimeur du Roy, demeurant en la rüe nostre Dame. 1595. — Auec Priuilege de sa Majesté.*

14 pp. ch.
Bibl. nat., Lb[35]. 650 D.
23 septembre 1595.

1596

225. — Declaration dv Roy, svr le covrs & mise de tous les Douzains & Doubles de Cuiure, Forgez aux coings & armes de France, auec deffences de transporter aucunes especes & Matieres d'Or d'Argent & billon, hors le Royaume. — Armes de France et de Navarre. — *A Troyes, Chez Iean Collet, Imprimeur du Roy, demeurant en la rüe nostre Dame. 1596.*

20 pp. ch.
Bibl. nat., F. 46899 (11).
30 mars 1596.

226. — Discovrs av vray des sainctes ceremonies faictes à Rome. Pour la Reconciliation Absolution & Benediction de Henry IIII. tres-Chrestien Roy de France & de Nauarre. (Par Gio-Paolo Mucante.) Auec vn autre Discours de la route de Synam Bassà : Et de la Copie d'vne lettre escripte par l'Empereur des Turcs au prince de Transiluanie. Le tout fidelement traduict d'Italien en Francois (par Benoist Du Troncy) sur la Copie imprimée à Rome & Viterbe. — *A Lyon, Par Iean Pillehotte,* 1596. In-8. 52 pp. ch. (Bibl. nat., Lb[35]. 646.)

Je reproduis le titre de cette pièce parce que le P. Lelong la signale comme imprimée à « Lyon & *Troyes*, 1596, in-8 » (n° 19633*).

P. 3, Epitre « A Monseigneur, Monseigneur de la Guiche », signée Dv-troncy ; p. 5, Discours… ; p. 49, « Lettre
de Mahvmet III. Empereur des tvrcs. Au Serenissime Sigis-
mond Battori Prince de Transyluanie, Moldauie. Valla-
chie, &c. », datée de Constantinople, 1ᵉʳ de la lune d'octobre 1595.

Jean-Paul Mucante était maître des cérémonies du Pape,
alors Clément VIII.

Mgr de la Guiche, Philibert, grand maître et capitaine
général de l'artillerie, fut aussi gouverneur du Lyonnais ; il
mourut en 1607.

227. — [Tête de chapitre aux enfants nus becquetés par
des oiseaux à long cou.] De l'ordonnance de Messievrs les
Doyen, Chanoines, & Chapitre de l'Eglise de Troyes ayans à
present l'administration spirituelle de l'Euesché dudict Troyes,
le Siege Episcopal vacant [après le décès de Mgr Claude de
Bauffremont]. — S. l. n. d.

In-8 de 14 pp. n. ch. Pas de grand titre.

Bibl. de Troyes, Catal. loc., n° 4942.

11 octobre 1596.

A la fin : « Signé. I. Cloqvemin, Scribe dudict Chapitre. »
Au verso du dernier feuillet, bois gravé de 106 × 75, repré-
sentant le Christ en croix ; à ses pieds, sa mère et saint
Jean.

Bel N orné au commencement du texte.

Le catalogue de la Bibliothèque en attribue l'impression à
Nicolas Gyrardon, sans doute parce que celui-ci fut imprimeur de l'évêché ; une fiche de M. E. Socard la donne à
Jean Moreau ; elle est en réalité de Jean Collet, qui employait
la même tête en 1595 et en 1597 (voir les numéros 218,
219, 223, 228).

1597

228. — Mandement du Roy, pour la conuocation du Ban,
& Arriere-ban. — Armes de France et de Navarre. — *A
Troyes, chez Iean Collet, Imprimeur du Roy, demeurant en
la ruë nostre Dame. 1597.*

16 pp. ch.

Bibl. nat., F. 46902 (18). Autre exemplaire à F. 46851 (10), mais pour les huit premières pages seulement ; les suivantes appartiennent à l'édit de réconciliation du roi auec son « frère », mai 1597.

4 juin 1597.

P. 13, Mandement de Charles de Choiseul au premier sergent du bailliage. 17 juin.

1598

229. — Discovrs veritable, des crvavtez qui se sont exercez pres la ville de Bar-sur-Aube, & autres lieux de ce Royaume, depuis vn moys en çà. Par N. D. L. S. G. — *A Paris, pour Sylvestre Moreav, Colporteur au Palais.* — M. D. XCVIII. *Avec permission.*

16 pp. ch.

Bibl. nat., Lk⁷. 755.

Analysé par Blampignon, *Bar-sur-Aube*, p. 227. — Edition de Lyon, Gvichard Ivllieron et Thibavd Ancelin, 1598. 16 pp. (Lk⁷. 755 a). — Autre édition au titre différent : « *Discours verritables des cruautez inhumaines qui depuis le mois de septembre ont ésté éxercés par les loups affamez de la chair humaine, près la ville de Bar-sur-Aube et autres lieux*, par N. D. L. S. G. 1598, pet. in-8 br., 16 pag. » (14ᵉ catal. A. Saffroy, nᵒ 20523).

A la page 5 des deux éditions conservées à la Bibliothèque nationale, il est dit « depuis vn *an* en çà... », au lieu de « vn *moys* » que portent les titres principaux et ceux de rappel.

M. Blampignon croit voir dans cette élucubration une sorte de satire allégorique, suivant le goût du temps ; pour lui, « ces loups ne sont pas autre chose que les hommes armés qui, sous une cocarde ou sous une autre, avaient ensanglanté la contrée » ; il sent là « quelque chose de la *Satire Ménippée*, où respirent la malice, la prudence, l'esprit et le bon sens champenois ». P. de L'Estoile, au contraire, relatant les faits publiés par la brochure, sans parler de celle-ci, les accepte pour réels : « En ce temps et peu après la publication de la paix, la guerre estant finie entre les hommes, commença celle des loups contre eux, après lesquels ils s'acharnèrent si fort, par une juste fureur de Dieu, qu'ils laissoient ordinairement les bestes, pour se ruer sur les hommes..., principalement en la Brie, Champagne et Bassigni..., comme si Dieu s'eust voulu servir de ces bestes cruelles pour chastier les pecchés des hommes, beaucoup pires qu'eux... » (*Mémoires-Journaux*, éd. 1875-1883, t. VII, p. 124-125.)

ADDITIONS

16 *bis*. — Edict et Declaration faicte par le Roy Charles IX. de ce nom sur la pacification des troubles de ce Royaume : le xix iour de Mars, mil cinq cens soixante deux. — Bois

gravé. — *A Troys, par Iean Damian, sur la coppie Imprimee a Paris*, M. D. LXVIII. *Auec priuilege.*

12 ff. n. ch.

Collection de l'auteur ; il y en a un second exemplaire à la Bibl. Nat., Portef. Fontanieu, t. 305, f° 264.

Voir ce qui est dit, pp. 22-23, de cette impression pseudo-troyenne, lyonnaise en réalité.

(19.) — Discovrs De La Bataille du Lund y troisiesme iour du mois d'Octobre 1569. en Laquelle il à pleu à Dieu dōner tresmemorable victoire au Roy treschrestien par la bonne heureuse & vertueuse conduicte de Monseigneur Duc d'Anjou son Frere & Lieutenant general de sa Majesté, en tous ses Royaumes, Pays, terres et Seigneuries. Auec Les noms

des Prisonniers blessez, & tuez tant d'vne part que d'autre.
— *A Troyes, chez François Trumeau. Iouxte la copie impri-*
mée à Paris. Auec priuilege. S. d.
24 pp. n. ch.
Bibl. de Rouen, fonds Leber, n° 3949.

(22.) — Un exemplaire à la Bibl. Nat., Portef. Fontanieu,
n° 322-323.

(27.) — Le vray Discovrs Des derniers propos memorables, tenuz par le Feu Roy de tres bonne memoire Charles
neufiesme, à son trespas, auec la Roine sa Mere, la Roine sa
fēme, Monseigūr le Duc d'Alençon, le Roy de Nauarre, &
plusieurs autres Princes & grādz Seigneurs estans pres de
luy, comme il est plus à plain contenu au present discours.
— Grand fleuron elzévirien du n° 29. — *On les vend à*
Troyes, chez Claude Garnier demourant en la petite Tennerie
Auec priuilege. S. d.
24 pp. n. ch.
Bibl. de Rouen, fonds Leber, n° 3994.

(80.) — M. le marquis de Chantérac, annotateur des
Mémoires de Bassompierre (éd. de la Société de l'Histoire
de France, t. I, p. 26), nomme le burgrave de Dohna Julien
et non Fabien.

(93.) — Le texte de cette pièce est reproduit dans l'édition des *Mémoires-Journaux* de P. de l'Estoile publiée en
1875-1883 par la librairie Jouaust : t. IV (*Les Belles figures*
et Drolleries de la Ligue), p. 11-12.

(94.) — Le texte de cette pièce est reproduit dans la
même collection, p. 211-212.

(124.) — L'édition parisienne de cette Lettre (G. Chaudière) est à la Bibliothèque de Troyes, Catal. Hist., n° 5003.